Josef Nyary

ALDI Jahre wieder

Das Buch

2012 wird ALDI 99 Jahre alt! Das Buch nimmt dieses Ereignis zum Anlass, um fast ein Jahrhundert deutscher Kultur- und Alltagsgeschichte im Spiegel des ALDI-Angebots und der Rolle von ALDI in der Gesellschaft unterhaltsam, manchmal mit einem Augenzwinkern, darzustellen.

Was kauften die Deutschen wann am liebsten? Welche Produkte gab es vor und nach der Wende? Und wie wurde überhaupt aus einem kleinen Tante-Emma-Laden in Essen ein riesiger, international erfolgreich agierender Konzern, mit dem sich fast jeder Deutsche identifizieren kann? Ein Buch für alle. ALDI-Fans, Wirtschaftsinteressierte, Schnäppchenjäger, Kulturbegeisterte, historisch Interessierte, Jung und Alt – jene, die sich erinnern, und jene, die erfahren wollen, sind hier gleichermaßen angesprochen.

Der Autor

Josef Nyary, geb. 1944, ist Journalist und Schriftsteller. Der Autor zahlreicher Romane und Sachbücher lebt mit seiner großen Familie in Hamburg und kauft seit 40 Jahren bei ALDI ein. Bei Herder erschien: „Weihnachten mit den Heiligen" (2010).

Josef Nyary

ALDI Jahre wieder

HERDER

FREIBURG · BASEL · WIEN

HERDER spektrum – Band 6672

FSC
www.fsc.org
MIX
Papier aus verantwortungsvollen Quellen
FSC® C106847

Originalausgabe

www.herder.de

Umschlaggestaltung: Agentur R·M·E
Roland Eschelbeck und Rosemarie Kreuzer
Umschlagmotiv: © Designbüro gestaltungssaal
Sabine Hanel/Alexandra Gober

Satz: Dtp-Satzservice Peter Huber, Freiburg
Herstellung: fgb · freiburger graphische betriebe
www.fgb.de

Printed in Germany

ISBN 978-3-451-06672-6

Inhalt

ALDI

Idee und Initiative

Der Laden ist klein, die Kundschaft arm, die Verkäuferin eine Hausfrau im Nebenerwerb: Jeden Tag steht Anna Albrecht hinter dem Tresen, gießt Milch in Kannen, fischt Salzheringe aus der Tonne, wiegt Wurst ab und wickelt Butter in Pergamentpapier. Kaffee gibt es in Bohnen, Suppe in Würfeln, Senf im Glas, Zucker in Tüten. Besen sind aus Reisig, Kämme aus Horn, Taschentücher aus Stoff, Nachttöpfe aus Blech. Auf der Dorfstraße fahren Pferdefuhrwerke, kein Haus hat mehr als zwei Stockwerke und jeder Bergmann eine Ziege.

0,99 Jahrhunderte später sind die Nachfahren der nützlichen Nahbereichsversorgerin aus der stillen Siedlung Schonnebeck bei Essen milliardenschwere Marktriesen, Könige im Kosmos der Komma-Preise, bestimmende Strategen des Konsumgeschehens und über Angebot und Nachfrage auch einflussreiche Mitgestalter unseres modernen Lebens: Die Entwicklung von Anna Albrechts Tante-Emma-Laden zum weltweit operierenden Discounter-Duo ALDI-Nord (Logo blau) und ALDI-Süd (orangefarbener Rand) ist über die unglaubliche Erfolgstory hinaus ein faszinierendes Kapitel der deutschen Wirtschafts-, Zeit-, Kultur- und Alltagsgeschichte.

Im ALDI-Jahrhundert wandelt die Welt sich schneller und stärker als je zuvor in der Menschheitsgeschichte. Die Landwirtschaft genießt inzwischen Minderheitenschutz, der Bergbau landet im Museum, auf die tote Schwerindustrie folgt Hightech, die Arbeit wandert aus den Fabriken in die Büros und der Himmel über der Ruhr ist wieder blau. Kaiser- und Nazireich setzen auf Kolonien und Autarkie, die Bundesrepublik der EU aber gedeiht zur international verflochtenen Exportsupermacht mit ALDI als weltweit renommierten Botschafter moderner Verkaufsstrategie.

Die Geschichte kennt das 20. Jahrhundert als Epoche finsterster Barbarei mit dem entsetzlichen Tiefpunkt der beispiellosen Nazi-Verbrechen. Zwei Kaiserreiche, eine Demokratie und eine Volksdemokratie gehen unter. Doch auferstanden aus Ruinen, finden Einigkeit und Recht und Freiheit wieder ihren schönen Klang. Das moderne Deutschland ist eine liberale Bürgergesellschaft mit sozialer Marktwirtschaft, ausgeprägten Arbeiterrechten und einem inneren Frieden, zu dem auch Discounter wie ALDI wesentliche Beiträge leisten: Frankreichs großer Renaissancekönig Henri IV. wünschte sich, „dass es in meinem Land keinen Bauern gibt, der sonntags nicht sein Huhn im Topf hat", ALDI-Preise aber dämpfen die Inflation und machen sogar Hartz IV ein bisschen erträglicher.

Auch kultur- und geistesgeschichtlich prägen tief greifende Veränderungen die ALDI-Zeit. Aus Wilhelms Bombast wird Warhols Pop, Beethoven bleibt der Jugend oft nur dank der Beatles im Ohr. Das Foto verdrängt das Gemälde, der Fernseher das Buch und Facebook das Kneipengespräch. Der Film ersetzt die Philosophie als Motor des Bewusstseinswandels: Mehr als die politische Aufklärung durch die Wohlmeinenden fördern vor allem Dramen aus Hollywood seit den 50er Jahren den Widerwillen auch der weniger gebildeten Stände gegen den bis heute latenten Rassismus. Frauenfilme beflügeln die Emanzipation auch in den unpolitischsten Familien, Katastrophenszenarien im Kino setzen die Ölindustrie unter Umweltschutzdruck und die Atomindustrie gleich schachmatt. Nicht alles erfreut alle, aus dem preußischen „üb immer Treu und Redlichkeit" wird das werbedeutsche „Geiz ist geil", doch ALDI steht im Denken der Menschen für beides, für Ehrlich- und für Sparsamkeit. Als Helmut Schmidt, längst Musterbeispiel für beide Tugenden, noch Bundesfinanzminister ist, zeigen Fernsehkameras seine Kollegen aus den sieben reichsten Industrienationen der Welt an der Bar seines Wochenendhäuschens am holsteinischen Brahmsee vor einer Batterie aus ALDI-Eigenmarken.

In der zweiten Hälfte des ALDI-Jahrhunderts durchdringt der Discounter der Deutschen auch deren Alltag. ALDI-Läden erobern das Straßenbild, ALDI-Artikel den Einkaufswagen, ALDI-

Frischware den Kühlschrank. Detailverliebte Modelleisenbahner statten ihre Mini-Städtchen wirklichkeitsgetreu mit kleinen ALDI-Läden aus. Schweizer wählen „Aldisierung“ zum „Wort des Jahres“. Die Hamburger Studenten „Norbert und die Feiglinge“ singen „Wir sind bei ALDI“, in der „WELT“ verkürzt ein Satiriker kritisch: „Wir sind ALDI“. ALDI-Clubs tauschen in Foren und Blogs Einkaufstipps und Preisprognosen aus. ALDI-Fans feiern in ALDI-T-Shirts ALDI-Partys. Die olympiavergoldete Kufen-Queen Anni Friesinger rühmt nicht etwa nahrhafte Lebensmittel, sondern ihren zuverlässigen ALDI-PC, und im Internet kursieren „Aldi-wwww.itze“ zu intellektuellen Dumpingpreisen: Warum klauen Blondinen so gern bei Aldi? Weil es dort billiger ist.

Der Aufstieg von der Klitsche zum Konzern dauert Jahrzehnte und nutzt Erfindungen aus ferner Fremde: Das Selbstbedienungssystem kommt 1938 aus den USA nach Deutschland, der Cash-and-Carry-Handel 1957, die Discount-Idee 1962. Die eigentlichen Fundamente des Erfolges aber wurden in den Anfangsjahren gelegt: Einfachheit, Sparsamkeit und Bescheidenheit.

Für Einfachheit, in moderner Managersprache „No Frills“ (kein Schnickschnack), kennt die Wirtschaftwissenschaft das „Limited Assortment Concept“ (begrenzte Artikelzahl). Sparsamkeit findet sich im Lehrbuch etwa als „Low-Cost-Strategy“, Bescheidenheit als „Low-Profile-Strategy“. Anna Albrecht in ihrem kleinen Laden hatte von solchen Sachen sicher keine Ahnung. Dafür wusste sie andere Dinge sehr gut. Zum Beispiel, wie man eine Familie durchbringt, wenn der Ehemann wegen einer Staublunge nicht mehr unter Tage arbeiten kann. Wie man Kinder zu anständige Menschen erzieht, wenn man auf Kohle lebt, aber keine hat. Und wie wichtig es ist, auf die Familie, den lieben Gott und die eigenen Hände zu vertrauen.

Die sogenannte gute alte Zeit ist wie der tropische Regenwald: Romantisch, aber nährstoffarm. Aus der Ferne schön, aus der Nähe ziemlich anstrengend. Idealisten geraten leicht in Verklärung. Das kann Karl Albrecht nicht passieren. Sein Leben ist hart, sein Einkommen karg, sein Beruf belastend, seine Gesundheit ruiniert.

1886 geboren, lernt er Bäcker, fährt dann aber lieber als Kumpel ins nächste Steinkohlebergwerk ein und leidet bald an der unheilbaren Berufskrankheit des Ruhrgebiets – der Staublunge. In der ersten Not nimmt er einen Aushilfsjob in der Brotfabrik Staufenberg in Essen-Katernberg an. 1913 macht er sich mutig als Brothändler selbständig, doch der Kaiser braucht Soldaten, und 1914 zieht der junge Ehemann in den Ersten Weltkrieg.

Seine Frau Anna macht notgedrungen mit dem kleinen Krämerladen „Karl Albrecht Kolonialwaren“ weiter. Schonnebeck ist damals das Schlafdorf der Bergarbeiter aus den Zechen in und um Essen. Über dem alten Bauernland am „schönen Bach“ liegt fingerdick der Kohlenstaub des Industriezeitalters. Die Kinder sind oft krank, die Mütter bald verblüht, die Väter sinken früh ins Grab. Der kleine Laden wirft nur das Nötigste ab. Millionen Männer kämpfen an der Front, und das Kaiserreich ist voller alleinerziehender Mütter, die jeden Pfennig dreimal umdrehen müssen.

Nach dem Krieg bekommt auch Anna Albrecht, geborene Siepmann, Kinder: Karl Hans wird am 20. Februar 1920, Theo Paul am 28. März 1922 in Essen geboren. Die Namen bezeugen fromme Armut: „Albrecht“ besteht zwar aus zwei althochdeutschen Wörtern für „edel“ und „berühmt“, Namenspatron aber ist der mittelalterliche Märtyrer Adalbert. „Siepmann“ ist der arme Bauer mit nassen Wiesen („siepe“), „Karl“ (althochdeutsch „freier Mann“) der damals beliebteste Jungenname. „Anna“ heißt die Großmutter Jesu, „Theo“ weist auf Gott – die Albrechts sind gläubige Katholiken mit protestantischem Arbeitsethos.

In der Weimarer Republik wird auch Westfalen Schauplatz gefährlicher politischer Wirren. 1920 schießen Soldaten auf Bergarbeiter. 1923 marschieren französische und belgische Truppen ein, um Reparationszahlungen für den verlorenen Krieg zu erzwingen. Nationalisten und Kommunisten wehren sich mit Bombenanschlägen und Sabotageaktionen. Die Inflation macht Löhne zu Spielgeld; wer nicht alles gleich wieder ausgibt, kann sich schon ein paar Stunden später nichts mehr davon kaufen. 1928 sperren Fabrikbesitzer im Ruhreisenstreit 200.000 Arbeiter sieben Wochen lang aus. 1929 bricht der Export dramatisch ein, Millionen Männer stehen auf der Straße. 1932 treibt die Weltwirtschaftskrise die Arbeitslosigkeit im Ruhrgebiet auf 31,2 Prozent. 1933 kommt Hitler an die Macht, schon 1934 verschleppen SA und SS Tausende Arbeiter in die ersten Konzentrationslager.

Das ist die Zeit, die Karl und Theo Albrecht für ihr Leben prägt. Karl geht auf die katholische Glückauf-Schule in Schonnebeck und 1934 für drei Jahre im Essener Feinkostgeschäft Weiler in die Lehre. Die Kundschaft gibt dem Jungen zu denken: Für die hungernden Arbeiter bleiben die Delikatessen ein unerfüllbarer Traum, selbst für den Mittelstand der Beamten und Angestellten ist vieles zu teuer, die Reichen aber schicken ihr Personal, dem es oft ebenfalls dreckig geht. Der 14-jährige lernt nicht nur das Geschäft, sondern auch viel über das Leben.

Theo Albrecht fängt bei der Mutter an. Eigentlich würde er lieber Architekt werden. Die sozialen Krisen der Zeit überschatten auch seine Lehre. Der Kolonialwarenhandel entwickelt sich in zwei Richtungen: Im Zentrum entstehen Delikatessen-, in den Vororten Gemischtwarenläden. Schonnebeck ist seit 1928 nach Essen eingemeindet, das elterliche Geschäft ein typischer Kleine-Leute-Laden mit großem Sortiment für wenig Geld: Lebensmittel, Waschmittel, Haushaltsbedarf.

Es gibt auch schon die ersten Ladenketten. Sie entstehen entweder in bestimmten Regionen oder für bestimmte Produkte. Manche Tabakfirma hat über 100 Filialen, „Kaisers Kaffeegeschäft" schon vor dem Ersten Weltkrieg „reichsweit" über 1400. Die Läden der „Konsumgenossenschaft" machen den armen Arbeitern, Einkaufsgenossenschaften wie Edeka, Rewe oder Spar den kleinen Einzelhändlern das Leben etwas leichter.

Wohl schon in diesen schweren Zeiten formt sich in den beiden Brüdern ein Gedanke, der in der ALDI-Zielsetzung heute ganz oben steht: Dass der Vorsprung vor der Konkurrenz durch extreme Anwendung des Wirtschaftlichkeitsprinzips zu sichern sei. Denn jeden Schlendrian, jede Schwäche, jeden Schnickschack verbietet die schiere Not.

Bevor die Albrechts flügge sind, bricht der Zweite Weltkrieg aus. Die Brüder kämpfen nicht für den „Führer", aber für Volk und Vaterland. Vor allem aber ums Überleben. Karl Albrecht kehrt verwundet von der Ostfront heim. Theo Albrecht dient bei einer Nachschubeinheit in Afrika und gerät in amerikanische Gefangenschaft. 1946 übernehmen die Mittzwanziger das elterliche Geschäft. Die Verkaufsfläche wächst auf 100 Quadratmeter, doch der Handel ist mehr als mühsam. Deutschland liegt in Trümmern, Millionen Menschen hungern, die Sieger teilen den Besiegten täglich 1500 Kalorien zu, das Geld ist nichts mehr wert und nur der Schwarzmarkt blüht. Die Waffenindustrie um die Krupp-Werke hat Essen zum bevorzugten Ziel alliierter Bomberverbände gemacht. Die City ist ein Schutthaufen, Zehntausende sind obdachlos. Familienväter fahren schwarz zum „Hamstern" aufs Land, Uhren für Butter, Teppiche für Milch.

Eine wirkliche Geschäftstätigkeit beginnt, so Karl Albrecht, erst 1948 mit der Währungsreform. Die wertlose Reichsmark wird abgeschafft, jeder Bundesbürger bekommt 40 D-Mark Kopfgeld und das Wirtschaftswunder nimmt seinen sensationellen Lauf. Der Anfang ist allerdings nicht ganz leicht, es gibt noch zu wenig Ware. Doch gerade dieser Mangel ist es, der ALDI groß machen wird. Denn aus dem Engpass wächst die erste Säule des erfolgreichen Geschäftsmodells, wächst zunächst unbeachtet wie ein Stalagmit in der Tiefe seiner Tropfsteinhöhle. Als den Brüdern ein Licht aufgeht, steht ihnen das Prinzip klar und deutlich vor Augen.

„Wenn ich heute einen Rückblick auf unseren Betrieb mache, so stelle ich fest, dass wir zum Anfang unserer Entwicklung im Jahre 1948 und 1949 zwangsläufig nur ein kleines Warensortiment führten", sagt Karl Albrecht 1953 auf einem Meeting des Lebensmittelverbandes. „Wir hatten vor, weitere Filialen aufzumachen, und mussten uns aus geldlichen Mitteln heraus sehr sparsam verhalten. Wir glaubten, späterhin unser Verkaufsprogramm zu erweitern. Wir wollten unsere Filialen dann wie ein normales Einzelhandelsgeschäft mit einem breiten Lebensmittelsortiment eindecken" – gelernt ist schließlich gelernt.

ALDI 2

Geschichte und Geschichten

Die Atmosphäre ist Lagerhalle pur: Die Decke kahl, die Wände nackt, die Schilder schlicht, das Licht kalt, am Boden graue Industriefliesen. Die Gassen nicht für Menschen, sondern für Niederflurstapler geplant. Schmucklose Regalreihen, die Produkte noch in Pappe auf Palette. Kritiker finden das „lieblos“, die „Süddeutsche Zeitung“ attestiert eine „steinzeitliche Direktheit“.

Doch, oh Wunder: Um die Kartons mit den Konservendosen drängt sich die Kundschaft in Klumpen, die Einkaufswagen sind randvoll. An den Kassen warten lange Schlangen, doch die Angestellten schauen nicht in die sauren Gesichter schlecht gelaunter Stressopfer, sondern in die zufriedenen Mienen beutesatter Schnäppchenjäger.

Denn ALDI ist das unschlagbare Preisparadies im Einzelhandel, ein Schlaraffenland für kleine Löhne und Gehälter, Mekka der sparsamen Hausfrau, Eldorado der klammen Rentner und vielgerühmter Geheimtipp der Reichen und Schlauen – nicht trotz, sondern oft gerade wegen der optischen Null-Diät: Was den „Mythos ALDI“ ausmache, mutmaßt die gleiche „SZ“, sei nichts Geheimnisvolles, sondern „wahrscheinlich nur die Nüchternheit des in den Läden obwaltenden Geschäftsprinzips“, eine Kargheit, „die in den Zeiten des kundenfängerischen Firlefanzes in der Tat so etwas wie einen Zauber auszustrahlen geeignet sein könnte.“

Das ist zwar eigentlich gar nicht die Absicht, aber ein angenehmer Nebeneffekt. Am Umsatz, erklärt Karl Albrecht 1953, sei zu erkennen, „dass es sich nicht um normales Bedienen handelt, sondern um Massenabfertigung.“ Und „um diese Leistung zu erzielen“, so der Pionier des Power-Selling, „sind unsere Regale und Theken einfach konstruiert. Das gesamte Warensortiment ist auf den Theken und in den Regalen für die Kunden sichtbar angeordnet. Dekorationen im Laden werden nicht ausgeführt.“

Geschichte und Geschichten: Der Fachvortrag des Konzerngründers fällt in die Jahre zwischen Hungerküche und Fresswelle. 1953 haben nur fünf Prozent der Deutschen einen Kühlschrank und zehn Prozent einen Elektroherd. Jeder dritte Haushalt kocht mit Holz. Mit dem Wirtschaftswunder wächst das Warenangebot, und bald feiern die Normalverbraucher das Ende der mageren Jahre auf üppigen Mayonnaiseorgien mit Schinkenröllchen, russischen Eiern oder „Fliegenpilz", halbierten Tomaten mit Öl-Eigelb-Pünktchen. Der erste Fernsehkoch der deutschen Geschichte, Clemens Wilmenrod, schmeckt mit der exotischsten Kreation der Adenauerzeit, dem Toast Hawaii, schon die Reisewelle der späten 50er Jahre voraus. Die Deutschen sind wieder wer, auch in bar. Die Packungen werden bunter, die Läden fröhlicher.

1950 haben Karl und Theo Albrecht aus dem winzigen Kolonialwarenhandel der Eltern in Essen-Schonnebeck schon eine kleine Kette mit 15 Filialen und aus der Nachschub-Not eine Tugend gemacht: Nur 250 bis 280 Artikel, vieles ist überhaupt nicht im Angebot. „So führen wir z. B. wegen der Verkaufsgeschwindigkeit keine losen Konfitüren, kein Obst und Gemüse, keine Salzheringe und wegen der Umsatzgeschwindigkeit keine Obst- und Gemüsekonserven", sagt Karl Albrecht damals, „ebenso keine Feinkostartikel wie Mayonnaisen, Rollmops, Heringssalat usw. Das Verkaufsprogramm umfasst lediglich schnell umschlagsfähige Konsumartikel. Bei Hülsenfrüchten haben wir aber auch jeweils nur eine Sorte im Angebot, also nur eine Sorte Bohnen und eine Sorte Linsen und auch nur eine Sorte Reis."

Der Verzicht auf Vielfalt ist nicht nur ökonomisch, er wirkt psychologisch, denn, so Karl Albrecht: „Der Kunde kann viel schneller einen Entschluss fassen, entweder zu kaufen oder nicht zu kaufen." Auch heute wollen Unentschlossene und Eilige nicht erst lange zwischen zehn verschiedenen Sorten Käse oder Wein zu ähnlichen Preisen wählen müssen. Lieber verlassen sie sich einfach darauf, dass das von ALDI ausgewählte Alleinangebot auch für sie das rechte sei.

Das spaßfreie Einkaufs-Sparta vom Stadtrand entpuppt sich als Goldgrube: „Um Ihnen ein Beispiel unserer Umsätze zu geben, möchte ich sagen, dass wir in unserer besten Verkaufsstelle mit einer Thekenlänge von 5,5 Metern im vergangenen Monat einen Umsatz von DM 44.000 gemacht haben", berichtet der ALDI-Gründer. Die Firmenzahlen gehen durch die Decke: „Im Januar betrug der Umsatz DM 250.000, im Februar 300.000, März 340.000 und im April 394.000."

Erfolg macht Beine, prompt geht aus Essen eine Laden-Lawine über die Bundesrepublik nieder. 1955 machen 100 Filialen 30 Millionen DM Umsatz, 1975 sind es 1000 Läden und sechs Milliarden: Die Zahl der Geschäfte ist um das Zehnfache, der Umsatz aber um das 200-fache gestiegen. Erst gemeinsam, dann auch auf getrennten Wegen machen Karl und Theo Albrecht ihren Einzelhandel zur globalen Verkaufsmaschine: Umsatz weit über 50 Milliarden Euro. 7000 Filialen in Europa, 1200 Filialen in Australien und den USA, jede Woche kommt irgendwo eine hinzu. 190.000 Beschäftigte, davon 50.000 in Deutschland. Märchenhafte Gewinne: Das US-Wirtschaftsmagazin „Forbes" führt Karl Albrecht auf seiner Liste „The World's Billionaires" („Die Milliardäre der Welt") mit einem geschätzten Privatvermögen von 25,5 Milliarden Dollar (19,5 Milliarden Euro) als reichsten Deutschen auf Platz 12. Theo Albrecht folgt kurz vor seinem Tod mit 16,7 Milliarden US-Dollar (12,7 Milliarden Euro) auf Platz 31 der Welt.

Viel Geld für Leute, die nicht gern was ausgeben. Als Theo Albrechts Nachbar am Essener Baldenaysee, ein Heilpraktiker, sein Haus verkaufen möchte, bietet er dem Unternehmer ein Vorkaufsrecht an. Das ist in dieser Gegend so Sitte, man kennt sich schließlich, und man möchte sich nicht mit womöglich unsympathischen Zuzüglern herumärgern. „Möchten Sie das Haus erwerben?" fragt der Heilpraktiker also höflich per Post. Am übernächsten Morgen findet er den Brief durchgeschoben unter seiner Tür. Auf dem Kuvert steht ein großes „Nein" – der Milliardär hat Zeit, den Weg zum Briefkasten und auch die Briefmarke gespart.

Lügen und Legenden: Weniger sympathiegesteuert als die Schnurren um die Sparsamkeit der Albrecht-Brüder lesen sich manche Geschichten über ein angeblich aggressives, gerissenes und unsoziales Geschäftsgebaren. Aus vielen ALDI-Storys sprechen indes Unkenntnis, Fehleinschätzungen, Missgunst und Neid. Die häufigsten Vorwürfe:

ALDI sei undurchsichtig organisiert. In Wirklichkeit sind die Strukturen klar und überall nachzulesen. Das Organigramm zeigt Geschäftsführer, Bereichsleiter, Filialleiter. Ist die kritische Zahl von 60 bis 80 Läden in einer bestimmten Region erreicht, kommt es zur Zellteilung, und aus einem Bereich werden zwei. Zurzeit zählen ALDI-Nord und ALDI-Süd jeweils rund 30 Bereiche. Alle sind Einzelgesellschaften, selbständig und mit eigenem Rechnungswesen.

ALDI sei nur deshalb so dezentralisiert, weil die Brüder keinen starken Betriebsrat wünschen. In Wirklichkeit stärkt die Verteilung der Verantwortung auf viele Ebenen nicht die Chefs, sondern den Einfallsreichtum und die Innovationskraft der Angestellten: Individuelle Sofortentscheidung schlägt schwerfällige Planwirtschaft.

ALDI beute seine Leute aus. Doch die Arbeit ist zwar anspruchsvoll, aber gut bezahlt: „Gut 30 Prozent über Tarif", sagt ein früherer Top-Manager des Hauses. Der ehemaliger Manager Andreas Straub, vier Jahre bei ALDI-Süd, schafft es seinem Buch „ALDI – einfach billig" im Mai 2012 in die Talkshows. Seine Vorwürfe: Extrem hoher Arbeitsdruck, Einschüchterung und Willkür, Entlassungen als Personalpolitik, perfide Überwachungsmethoden und Spitzeleien, Kostendruck und umfassende Kontrolle. Straub liefert, so die Ankündigung, „einen schockierenden Alltagsbericht aus der Innenwelt der Billigpreise" – aber leider keine Beweise. Bei „Günter Jauch" nimmt ihm Stefan Genth rasch den Wind aus den Segeln. Der Hauptgeschäftsführer des Handelsverbands Deutschland (HDE), der als Spitzenverband die Interessen des deutschen Einzelhandels in Deutschland und in der EU vertritt, beschreibt ALDI als Vorzeigeunternehmen mit klaren Strukturen, einer erfolgreichen Strategie und gut ausgebildeten Mitarbeitern. ALDI zeichne sich zudem durch einen fairen Umgang mit seinen Angestellten aus. Jauch schafft mit dem Talk die Rekordquote von 5,5 Millionen Zuschauern – ALDI zieht die Zuschauer zur ARD wie sonst die Kunden in seine Filialen.

ALDI boykottiere Markenartikel. Unsinn: Anfangs führen die Brüder die Schuhcreme „Erdal", die Zahnpasta „Blendax" oder das Bohnerwachs „Sigella". Bald aber beliefern manche Produzenten das junge Unternehmen nicht mehr: Sie wollen lieber ihre Preise hochhalten als den Umsatz steigern. Deshalb stehen heute viele Erzeugnisse renommierter Hersteller nicht unter den Markennamen, sondern als ALDI-Eigenmarken in den Regalen – löbliches Gegenteil von Etikettenschwindel: Wo Namenloses draufsteht, ist Weltbekanntes drin.

ALDI mache die kleinen Händler platt. In Wirklichkeit ist ALDI ein überall höchst wirksamer Käufermagnet, Frequenzbringer und Umsatzverstärker. Gemeinden, die anfangs mit Genehmigungstricks unliebsame Konkurrenz für die eigenen Kaufleute abwehren wollen, bereuen den Fehler bald: Das begrenzte ALDI-Sortiment lässt mehr als genug Raum für andere Angebote. Den meisten ortsansässigen Kaufleuten geht es mit ALDI bald besser als ohne, Fleischer und Obsthändler drängen sich sogar in die vielbesuchte Nachbarschaft des Umsatz-Riesen. Ein „Edeka"-Sprecher gesteht: „Wo ALDI ist, brummt der Laden."

ALDI-Frischware, vor allem Molkereiprodukte, sei gar nicht so frisch. Doch nirgends wird intensiver geprüft. „Greenpeace"-Tests loben Obst und Gemüse. Eier kontrolliert schon lange vor den ersten Salmonellenskandalen der Konkurrenz ein zentrales Prüfgerät mit Durchleuchtungstechnik.

ALDI ziehe seinen Lieferanten Daumenschrauben an. Auch das ist falsch. Das Unternehmen ist überhaupt nicht an total von ihm abhängigen Partnern interessiert, langfristige Knebelverträge gibt es nicht, pünktliche Zahlung ist Prinzip. Ex-Manager Brandes berichtet, dass ALDI den durch den Kauf des Baukonzerns „Neue Heimat" bundesweit bekannten Großbäcker Horst Schiesser sogar durch großzügige Zahlungsregelungen bis hin zur Vorauskasse vor dem Untergang retten wollte.

ALDI trickse mit Bückware. Viele Einzelhändler platzieren Hochpreisiges in Augen-, weniger günstig Kalkulierbares in Kniehöhe. ALDI tut das nicht: Die Verteilung folgt ausschließlich logistischen Überlegungen. Auf diesem Gebiet sind die Albrecht-Brüder schon immer besonders fix: Sie beauftragen Gabelstaplerfirmen, einen speziellen Niederflur-Hubwagen zu konstruieren. Weil die 3,60 Meter langen Gabeln an den Spitzen Rollen haben, packt er auf jeder Fahrt nicht zwei, sondern sogar drei Paletten von je 1000 Kilo. Bald rollt das Gerät auch durch die Hallen der Konkurrenz, zum Stückpreis von 35.000 Euro – ALDI bekommt 40 Prozent Rabatt. Für das Nachfüllen der Regale lässt ALDI rückenfreundliche Hubwagen bauen, die schwere Paletten 70 Zentimeter in die Höhe heben – Bückplackerei ade!

ALDI zocke mit dem Euro, heißt es bei der Einführung der neuen Währung. Viele Einzelhändler schlagen bei der Umstellung schnell mal was drauf. ALDI nicht. Experte Brandes: „ALDI und Ikea sind die Unternehmen, die nicht anschließend in großen Preissenkungen versucht haben, das Ruder herumzuwerfen", nachdem ihnen die verärgerte Kundschaft davongelaufen ist.

Die zur Schau gestellte ALDI-Schlichtheit sei in Wirklichkeit nur ein Verkaufstrick, solle nur den Eindruck erwecken, die Ware sei billig. Auch dieser Vorwurf trifft nicht zu. ALDI ist wirklich billig, die Preise sind keine Show. Das weiß jeder Kunde, denn das zeigt jeder Vergleich. „Für die Einrichtung eines ALDI-Ladens gibt es kein anderes Kriterium als zweckmäßige, haltbare und kostengünstige Materialien zu verwenden. Regalmaße, Gangbreiten, ja – wenn möglich – sogar die Länge und Breite des Ladenlokals selbst werden ausschließlich bestimmt nach logistischen Überlegungen: Karton- und Palettenmaße, Manövrierwege der Hubwagen.

Das System ALDI, seit 0,99 Jahrhunderten erfolgreich, setzt nicht auf Trick und Druck, Bluff, Show und Pressionen. Der atemberaubende Aufstieg vom elterlichen Krämerladen „Karl Albrecht Kolonialwaren" zur brüderlichen Konsumkette ALDI, über deren

Filialen die Sonne nicht untergeht, hat bessere Gründe: hohe Qualität, niedrige Preise, kaufmännische Klugheit, katholisches Ethos, westfälische Sparsamkeit, wagemutige Ideen, motivierte Mitarbeiter, charismatische Chefs.

„Das Brüderpaar erspürte die Gunst der Stunde", schreibt der Aachener Rechts- und Staatswissenschaftler Dr. Eberhard Fedtke, der ALDI seit den 60er Jahren in Vertragsangelegenheiten berät und 1972 von Theo Albrecht mit der kaufmännischen Leitung der neu geschaffenen Regionalniederlassung Essen betraut wird. Die Kriegsjahre hätten den beiden jungen Männern aus dem kleinen Schonnebeck gezeigt, „dass eine systematische Massenversorgung strategisch darstellbar war – zu Hause und an der Front."

Vom Schützengraben an die Ladentheke: Ermutigt werden die Wachstumspläne durch intelligente Risikoabschätzung und ein gesundes Gottvertrauen. Der Weg führt in betriebswirtschaftliches Neuland: Es ist die Stunde des autodidaktischen Experimentierens. Die Brüder tasteten sich heran: „Beide waren noch weit davon entfernt, die Gesetzmäßigkeiten, Kategorien und Abläufe des globalen Lebensmitteleinzelhandels in der heutigen Bandbreite zu erfassen, geschweige denn virtuos zu beherrschen", berichtet Fedtke.

So unterschiedlich die Chefs, so ideal die Ergänzung: Karl Albrecht ist Vordenker und Impulsgeber. Fedtke schildert ihn als „ungeduldig, beredt, rastlos, bisweilen explosiv". Der Ältere treibt an, macht immer neue Vorschläge und zeigt sich „entscheidungsfreudig bis an die Grenze des kalkulierbaren Risikos", denn in der Aufbauphase „durfte man nicht zimperlich sein".

Theo Albrecht, einen Kopf größer, gemessen in der Sprache, zurückhaltend, kein spontaner Entscheider, wägt gern zögerlich ab, wenn der Bruder auf dem Reißbrett zeichnet – für Fedtke „das passende Pendant für die Verfestigung und Umsetzung der gemeinsamen Strategie".

Der eine dreht, der andere schleift: Großer Wurf und Feinabstimmung, das kongeniale Duo funktioniert perfekt. Karl Albrecht kümmert sich um die fallstrickreiche Einkaufspolitik, führt wortgewandt knallharte Preisverhandlungen, kontrolliert den Wareneingang, organisiert Lager, Fuhrpark, Verwaltung und Buchhaltung. Theo Albrecht übernimmt den Außendienst, findet mit seiner ausgleichenden Art den richtigen Ton im Gespräch mit Vermietern, Handwerkern und Personal beim Einrichten immer neuer Läden. Bei ihm gibt es kein Überrollen, kein Ausnutzen fremder Schwäche, kein kapitalistisches „Geld regiert die Welt", kein rücksichtsloses „Fressen oder gefressen werden". Als er den Tante-Emma-Laden im benachbarten Arbeiterviertel Essen-Kray übernimmt, bittet ihn die Inhaberin, ihren Sohn als Lehrling einzustellen. Der Junge heißt Hartmuth Wiesemann und steigt in 50 Jahren bei ALDI-Nord zum „Gesamtverantwortlichen" auf.

Gemeinsam sind den Albrecht-Brüdern das zurückhaltende Auftreten, die fotophobe Scheu vor Rampenlicht und die höchst bescheidene Lebensführung bis an die Grenzen der Askese. Karl Albrecht kauft noch heute bei sich selbst ein. Theo Albrecht sagt: „Der Mensch lebt mehr von dem, was er nicht isst."

Für Fedtke sind das maßgebliche Beiträge zur moralischen Stabilität des Unternehmens: „Andere wären in extravaganten Schiffen und Flugzeugen herumkutschiert", schreibt der Insider, doch die Albrecht-Brüder seien dafür „genetisch nicht vordisponiert". Karl Albrechts Hobby wird die Orchideenzucht, erst später begeistert er sich für den Golfsport, doch auch auf diesem Grün verlässt ihn der Geschäftssinn nicht: Im schwäbischen Donaueschingen baut er schon Mitte der 70er Jahre den größten deutschen Golfplatz, lange bevor der Kleinballsport boomt, und das Golf-Hotel „Öschberghof" mit Spa, Wellness, 25-Meter-Pool und exzellenter Küche gleich dazu: Wenn schon für Übernachtungen zahlen, dann nur an sich selbst.

Das Handicap des Hobbyspielers gibt Hannes Hintermeier, Feuilletonchef der Münchner „Abendzeitung" und Autor der als „Enthüllungsbuch" angekündigten Reportage „Die Aldi-Welt", mit 13 an. Die gediegene Herberge zwischen Schwarzwald und Bodensee begnügt sich mit vier Sternen – fünf wären dem Besitzer dann wohl doch einen Tick zu luxuriös. Sein Golfclub überweist ihm 85 Prozent der Mitgliedsbeiträge.

Auch als Milliardäre bleiben die Albrechts sich und ihren Prinzipien treu. Nie verleugnen sie die kleinbürgerliche Herkunft aus der Huestraße 89 im Vorort Schonnebeck. Sonntags sitzen sie mit ihren Familien in der neugotischen St. Markus-Kirche im idyllischen Bredeney, wo sie nicht weit von Krupps berühmter „Villa Hügel" wohnen. Karl Albrecht sitzt gern vorne links, Theo Albrecht bevorzugte die Reihen hinten rechts. Nichts lässt ihren Reichtum erkennen, schon gar nicht joviales Gehabe oder Protz am Klingelbeutel. Die Mitchristen respektieren den Wunsch der berühmten Brüder nach möglichst viel unauffälliger Normalität in frommer Routine.

Zur Abschottung des Privatlebens gehören der Verzicht auf Interviews, die Vermeidung öffentlicher Auftritte und die Zurückgezogenheit ins eigene Heim hinter blickdichte Gardinen. Vielleicht gerade deshalb konnte der Heilpraktiker den Nachbarn sein Haus später doch noch verkaufen: Nach Theo Albrechts Tod erwirbt Sohn Berthold das Anwesen für 4,8 Millionen Euro. Er ist Vater von Vierlingen und hat wohl schon zukünftigen Platzbedarf im Auge. Nach dem Notartermin gehen die beiden Duzfreunde noch auf ein paar Gläschen Wein in ein Restaurant. Die Rechnung über 150 Euro übernimmt der Milliardär, nicht ohne beim Verlassen des Lokals in bewährter Familientradition zu sagen: „Jetzt kriege ich 75 Euro von dir."

ALDI 3

Selbstbedienung und Supermarkt

Das Konzept ist klug, klar, unkompliziert und sehr erfolgreich: Kein Verkaufspersonal, die Kunden greifen selbst zu. Keine Wartezeiten, höchstens an der Kasse. Keine arbeitszeitraubenden Schwätzchen, außer der Laden ist mal leer. Das aber kommt so gut wie nie vor.

Die schlichte, aber superschnelle Shoppingstätte heißt „Piggly Wiggly", macht 1916 in Memphis/Tennessee auf und ist der erste Selbstbedienungsladen der Welt. Erfinder Clarence Saunders hat schon mit 14 Jahren Kolonialwaren verkauft. In seinem ersten eigenen Geschäft finden sich am Eingang ein Drehkreuz, darüber ein Schweinchenkopf, dahinter Einkaufskörbe und am Ausgang eine Kasse.

16 Jahre später setzt die Kette unter dem fröhlichen Ferkel in 2660 Läden jährlich 180 Millionen Dollar um. 1948 importiert ein mutiger Kaufmann aus Osnabrück die vielversprechende Innovation, doch die Deutschen sind noch nicht so weit. Erst 1949 richtet die Konsumgenossenschaft „Produktion" in Hamburg das erste SB-Geschäft ein – als „Freiwahl-Laden". Die zwanzig Einkaufswagen, Modell „Pickup", bastelt der Schlosser Rudolf Wanzl im Donaustädtchen Leipheim.

1950 gibt es 20 SB-Läden, 1957 sind es 1.379, dann kommt ALDI. Karl und Theodor Albrecht sind erfindungsreich und unternehmungslustig, aber sie wissen auch zu nutzen, was Manager „Last-Mover-Advantage" nennen: Pioniere preschen vor und holen sich manchmal blutige Nasen – sind sie erfolgreich, übernehmen andere das Rezept mit reduziertem Risiko und deutlich geringerer Fehlerquote.

„Wie so oft in der Wirtschaftsgeschichte stand am Anfang nicht der geniale, wissenschaftlich begründete Entwurf, sondern eine gute unternehmerische Idee, die sich im Laufe der Jahre zu einem stabilen Erfolgskonzept entwickelte", schreibt Ex-ALDI-Geschäftsführer Brandes in seinem Standardwerk. „Das ALDI-System war nicht eine plötzliche Erfindung." Karl und Theo Albrecht sind zwar sehr innovativ, aber keine Revolutionäre. Schon 1970 bemerkt die „Zeit", die beiden Brüder hätten sich mit ihren ersten „Mini-Läden in drittklassigen Lagen" an ihr Verkaufssystem eher langsam herangetastet.

Andere ALDI-ähnliche Einzelhandels-Archetypen stammen aus einer juristischen Grauzone: die „Preisbrecher" tauchen Ende der 50er Jahre in Hinterhöfen und Garagen auf. Ihre Geschäfte sind oft illegal, ihre Kunden Freunde, Bekannte, Kollegen. Ihre Ware ist billiger als im Markenladen, ihre Werbung die Mund-zu-Mund-Propaganda, ihr Umsatz klein, ihr Gewinn bescheiden, ihr Verdienst dennoch groß: Sie sind die ersten deutschen Discounter, und sie schärfen das Preisbewusstsein des Publikums.

Die Welt ist im Wandel: 1957 piept der „Sputnik" aus dem All. Im Abendland schließen sich die Bundesrepublik, Frankreich, Italien und die Beneluxstaaten zum EU-Vorläufer „Europäische Wirtschaftsgemeinschaft" (EWG) zusammen. Am Bau kommt die 45-Stunden-Woche, aus der Fabrik der millionste Fernseher und aus den USA die Rabattmarke. Millionen Hausfrauen kleben sie in kleine Heftchen und freuen sich, wenn eins voll ist: Bingo! Denn dann bekommen sie drei Prozent vom Einkaufspreis zurück. Für viele Familien ist es das einzige Sparbuch.

Die Kaufleute wollen mit den Marken ihre Kunden an sich binden. Karl und Theo Albrecht wählen einen anderen Weg: Sie ziehen die drei Prozent gleich vom Preis ab und sind damit für jedermann und jedefrau auch ohne Kleben billiger als die Konkurrenz. Auch diese Idee ist amerikanisch, 1946 machen es die Brüder Sidney und Herbert Hubschmann in Harrison (US-Staat New Jersey) vor: Ihr „Discount" („Abschlag") ist mächtige Marketing-Magie, ihre Kette „Two Guys" breitet sich an über hundert Orten bis nach Kalifornien aus. Zehn Jahre später ist auch Deutschland reif. Karl und Theo experimentieren mit. 1962 stellen sie endgültig auf das neue Preissystem um. Beim Firmennamen spart der Abzug dann sogar 75 Prozent: Von den 16 Buchstaben in „Albrecht Discount" bleiben nur vier: „ALDI".

Die neue Strategie aus Selbstbedienung und Vorausrabatt erweist sich schnell als unschlagbar. Aus den wenigen schlichten Läden der Schrebergartenregion am Essener Stadtrand wächst ein Rendite-Riese heran. Wichtigste Erfolgsgaranten sind die „Schnelldreher", Artikel mit besonders hoher Umschlagsgeschwindigkeit. Das Siegeszeichen aber ist die Komma-Zahl: „1.99 ist Welten von 2,00 entfernt", weiß Ex-ALDI-Berater Fedtke. „Die 1 vor dem Komma steht für die Discountseele, das Kleinpreisige. Und heute wird fast ausschließlich die 9 als Endziffer genutzt. Ausnahmen, etwa die 5, gibt es kaum. Selbst der imitierende Wettbewerb bedient sich des ALDI-Preissystems mit der dominierenden 9 am Ende."

Der Volkswitz passt sich an. „Bei ALDI gab's ein Kleid für 9,99 Euro, ich hab's aber trotzdem nicht gekauft", erzählt die junge Ehefrau. Ihr Mann ist sauer: „Hättest du das gleiche Kleid in der Boutique nicht gekauft, hätten wir Hunderte gespart!" 1977 führt die Konkurrenz Barcode und Scanner ein, doch die ALDI-Kassiererinnen hämmern die krummen Preise auch später noch lange von Hand in die Registrierkassen, unbegreiflich flink, denn sie kennen die Zahlen auswendig: Ihre Arbeitsmappe ist 37 Seiten dick, und jeden Morgen vor Dienstbeginn müssen sie dem Filialleiter an einem vollen Einkaufswagen ihre Preissicherheit beweisen. „Von Vorteil war", so Fedtke, „dass bestimmte Endziffern nicht vorkamen. Keine 1, keine 2, keine 3, keine 4, keine 6 und keine 7. Beliebt war die 9, sie kreierte den Slogan vom ALDI-Preis."

Das kompakte Sortiment schafft zusätzlich Erleichterung im Kassen-Stress. Am Anfang richtet es sich nach den Erfahrungen der Nachkriegszeit: Die Brüder beobachten Mutters Tages- und Wocheneinkauf – und die eigenen Teller. Für ihr Geschäftsmodell zählt nur, was eine Kriegerwitwe mit Mini-Rente zum Überleben braucht.

Das ALDI-Sortiment beschränkt sich damals auf nicht mehr als 400 Artikel. In den Regalen stehen Zucker, Mehl, H-Milch, Joghurt, Kakao-Trunk, Brot, Kuchen und jede Menge Konserven:

Wurst, Fleisch, Obst, Gemüse. Dazu Säfte, Bier, Spirituosen. Haushaltswaren sind bei ALDI Seife, Wischtuch, Waschlappen, Schuhcreme, Bindfaden, Zahnbürste und Toilettenpapier. Der Filialleiter zählt per Stichprobe nach, ob die versprochenen 200 Blatt auch wirklich auf der Rolle sind.

Die Warengleichheit stellt das Personal indes auch vor Probleme: Anfangs sind alle ALDI-Läden Mietobjekte unterschiedlicher Größe und Ausstattung, da hilft nur das Prokrustes-Prinzip: Der böse Riese aus der griechischen Mythologie lädt Reisende zu sich ein und passt sie dann seinem Gästebett an. Großen werden die Füße abgehackt, Kleinen die Knochen gestreckt. Der ALDI-Norm fallen Regale zum Opfer: Mal müssen sie kürzer werden, mal enger stehen.

Die Mühe lohnt, die Kundschaft dankt es mit Treue. Das zahlt sich vor allem in der Urlaubszeit aus, denn die Deutschen sind bald wieder viel unterwegs: Auf der Reisewelle der 50er Jahre surfen sie nicht nur zum „Teutonen-Grill" an die Adria, sondern auch an Nord- und Ostsee, in den Schwarzwald oder nach Oberbayern. Die Löhne steigen, die freien Tage mehren sich, die Grenzen werden durchlässiger und die Werbung lockt zu immer neuen Zielen. Die wichtigste Errungenschaft nach dem Zweiten Weltkrieg ist die Pauschalreise, der Sozialtourismus für Einkommensschwächere, und die ALDI-Kernklientel kauft nach der Bus- und Bahnfahrt ihren Speck und ihre Spirituosen in Westerland ebenso wie zuhause im Wedding.

ALDI-Kunden finden überall das gleiche vertraute Angebot, bundesweit in heute fast 5000 Filialen. „Ich, Warensortiment ALDI, begleite dich, ALDI-Kunde, wo immer du hingehst", formuliert Fedtke die Firmenphilosophie nach einer Artikelliste des Jahres 1976, „du musst auf keinen deiner ALDI-Leckerbissen verzichten, du musst deinen Apricot-Edellikör, Himbeersirup, Südstern-Kakaotrunk, Geheimratskäse, Schweinskopf in Aspik, deine Pfefferblocksalami, Fleischklößchensuppe, Honigprinten und Früchte-Drops nicht mitnehmen; auch nicht die Sonnencreme oder den Körperbalsam."

Das Wirtschaftswunder bringt die Welt zum Staunen, die Statistik liefert für die 50er Jahre unfassbare Zahlen: Das Bruttosozialprodukt steigt von knapp 98 Milliarden auf 326 Milliarden DM, die Zahl der Erwerbstätigen von 20 auf 27 Millionen. Die Bruttolöhne der Industrie klettern von 15 Milliarden auf 30 Milliarden DM, die Ausgaben für den privaten Verbrauch von 63 Milliarden auf 187 Milliarden DM.

„Jetzt kommt das Wirtschaftswunder", singen die Kabarettisten Wolfgang Neuss und Wolfgang Müller 1958, „Jetzt gibt's im Laden Karbonaden / schon und Räucherflunder. Der deutsche Bauch erholt sich auch und ist schon sehr viel runder."

1959 weckt der Handel so viel Konsumfreude, dass die Bundesregierung eine Inflation fürchtet und die Konjunktur mit staatlichen Sparprämien drosselt. Das Schlagwort heißt „Vermögensbildung". Volksaktien des Bundesunternehmens Preussag sollen auch weniger Betuchte an die Börse locken. 1960 gibt es die VW-Aktie für jedermann. Fast gleichzeitig sichert 1961 ein Sozialhilfegesetz die Ärmsten ab. ALDI wird ihr mächtigster Interessenvertreter. Mag der Delikatessenhändler den Herrn Generaldirektor verwöhnen, der Discounter im Billigheimer Papp-Biotop ernährt die Seinen auch nicht schlecht. Das spricht sich herum, und bald rappelt auch die Gattin des Direktors mal im Karton, anfangs vielleicht noch ein bisschen verschämt: In ihren Kreisen kauft man ja eigentlich nicht bei ALDI, was man woanders teurer kriegt.

„Man muss beim Autofahren / nicht mehr mit Brennstoff sparen", heißt es in dem Wirtschaftswunderlied. „Wer Sorgen hat, hat auch Likör / und gleich in hellen Scharen. Die Läden offenbaren / uns wieder Luxuswaren." 1955 rollen knapp 350.000 PS-Kutschen über deutsche Pflaster, zehn Jahre später sind es fast zwanzig Mal so viel: 6,6 Millionen. Im Einzelhandel läuft es andersrum. Die Riesenzahl kleiner Kaufleute schwindet, Großunternehmen legen die Kundschaft an die Ladenkette. Tante Emma geht in Rente, die Selbstbedienung boomt, 1960 schon in 22.619 Geschäften. Deutschland ist ein Verkäufermarkt, die Nachfrage übersteigt das Angebot deutlich.

Älter als Selbstbedienung und Discount ist der Supermarkt: Den ersten macht „The Great American Tea Company“ schon 1859 in New York City auf. 1930 setzt die „King-Kullen“-Kette moderne Maßstäbe. Der Name ist von Hollywoods Kino-Gorilla „King Kong“ inspiriert. Gründer Michael J. Cullen lernt bei der „Tea Company“, macht sich in einer alten Autowerkstatt selbständig und nennt sich „Preis-Abwracker“. Europas ersten europäischen Supermarkt eröffnete 1948 in Zürich die Migros-Genossenschaft, die als „Mittelhandel“ Preise zwischen „en-gros“ (Großhandel) und en-détail (Einzelhandel) nimmt. 1954 macht Edeka den Supermarkt auch in Deutschland populär.

Nach dem Prinzip „Kleine Preise, großer Umsatz“ formen sich bald zwei Systeme: Vollsortimenter weiten ihr Angebot aus, Discounter reduzieren es auf das Wichtigste. Die einen steigern ihre Anziehungskraft, die anderen setzen auf Sicherheit. Denn Vielfalt treibt die Kosten hoch, bis manchmal kein Gewinn mehr übrig bleibt.

Karl und Theo Albrecht haben das schon 1950 erkannt. „Oft fordert der Einkauf die Ausweitung des Sortiments mit dem Argument, dies entspreche dem Kundeninteresse“, schreibt Experte Brandes, doch in Wirklichkeit steckten dahinter nur die Geschäftstüchtigkeit von Lieferanten und die Werbung der Industrie. Im ALDI-Reich gelten andere Gesetze: „Der Erfolg beruht nicht, wie viele Mitbewerber meinen, auf dem Einkauf“, stellt Brandes fest, „sondern ist im Verkauf, in der Absatzpolitik und in der Kundenorientierung begründet. Es ist sogar sicher, dass ALDI im Vergleich zur Konkurrenz nicht immer die günstigsten Einstandspreise hat.“

Die Nachteile allzu großer Einkäufermacht zeigen sich bald in typischen Problemen der Konkurrenz: Die Industrie will bestimmte Artikel pushen, Lieferanten versprechen Sonderkommissionen, und schon stehen Verkäufer vor Warenbergen, die oft gar nicht ins Sortiment passen. Die Werbung zwingt die Ladenbesitzer, trotzdem mitzumachen, weil sich die Kunden sonst ärgern. Der Rest liegt dann oft wochenlang wie sauer Bier im Regal.

Einkäufer werden oft nur daran gemessen, welche Differenz zum Verkaufspreis sie beim Lieferanten herausholen. Bei ALDI aber zählt vor allem, wie schnell die Kundschaft den Laden leer macht. Und wie schnell der Käufer wieder draußen ist, um Platz für den nächsten zu machen. Durchaus auch im eigenen Interesse: Der typische ALDI-Kunde will ohne Mühe einen Parkplatz finden, alle gewünschten Waren ohne langes Suchen in ausreichenden Mengen vorfinden, nicht von herumfahrenden Hubwagen belästigt werden, an der Kasse eine zügige Abfertigung erleben, seine Tüten ins Auto laden und abfahren – hit and run!

ALDI ist und bleibt das Maß aller Handelsdinge: Senken die Westfalen die Preise, müssen alle anderen mit. Die überschaubare Zahl der Artikel nutzt einen zweiten Zug der modernen Zeit: Viele Käufer wünschen sich die Waren nicht nur billiger, sondern auch einfacher, dauerhafter und dazu möglichst unkompliziert. Sie wollen nicht Waschmittel in fünf Packungsgrößen vergleichen, zwischen zehn Sorten Lachs wählen, sich alle Jahre wieder an eine neue Joghurtsorte gewöhnen oder mit einer neuartigen Rasierklinge schneiden. Für sie ist weniger oft mehr. ALDI entlastet diese Kunden. Jeder Weinhändler hält tausend Sorten vor, bei ALDI ist es kaum ein Dutzend, doch auf die kann man sich blind verlassen. Kein Winzer würde es wagen, dem Riesen gepantschten Wein anzudrehen: In Spaniens größtem Anbaugebiet La Rioja kauft der Discounter jedes Jahr ein Drittel der Produktion.

Völlig deckungsgleich sind die ALDI-Angebote trotzdem nicht, auch der diktatorische Discount lässt kleine Freiheiten, etwa für regionale Geschmäcker: Nicht überall ist Weißwurst mit süßem Senf so beliebt wie in Bayern, Saumagen so begehrt wie in der Pfalz, Zwiebelkuchen so geschätzt wie in Baden.

„ALDI zeichnet sich durch Kundenvertrauen, Preiswürdigkeit und Verfügbarkeit aus", fasst Herbert Kuhn, Handelsexperte des Frankfurter Marktforschungsunternehmens „Trade Dimensions", zusammen. „Die Kunden wissen: Was sie bei ALDI kaufen, bekommen sie in dieser Qualität nirgends billiger. Man kann sozusagen blind aus dem Regal kaufen. Dem Kunden wird so auch das Nachdenken genommen. Zeit ist ein knappes Gut. Die geringe Auswahl und die Tatsache, dass im Wesentlichen jede Filiale gleich aussieht, beschleunigen das Einkaufen. Der Einkauf wird auf diese Weise gewissermaßen ritualisiert."

ALDI ist Routine, ALDI ist Tempo, ALDI ist guter Geiz, ALDI ist Wahl ohne Qual, und ALDI ist Volksmathematik, Theo Albrechts Lieblingsdisziplin: „Er dachte, grübelte und rechnete mit großen Zahlenkolonnen", schreibt Fedtke, der ihm oft über die Schulter schaute. Beispiel: Wer 1000 Läden hat und in jedem täglich 10 Euro spart, etwa an Licht, Seife oder Wasser, hat nach einem Jahr mit 240 Arbeitstagen 2,4 Millionen Euro mehr in der Kasse. Wer bei 5000 Mitarbeitern täglich 50 Stunden Nach-, Doppel- oder Korrekturarbeiten vermeidet, hat nach 240 Tagen eine Arbeitskraftreserve von 12.000 Stunden oder 1500 Arbeitstagen zu je acht Stunden, kann also theoretisch sechs Angestellte entlassen.

„Diese Rechenspiele faszinierten ihn", berichtet der Zeitzeuge, „es bereitete ihm ein ernsthaftes Vergnügen, sie an andere mit mahnenden Worten, ernsthaft darüber nachzudenken, weiterzureichen. Was man nicht alles mit puristischer Ordnung und stetem Sparkurs erreichen könne, war seine Botschaft. Das machte den Unterschied bei ALDI, begründete den Erfolg des Unternehmens."

Supermarkt, Selbstbedienung, Discount, deutsche Preis-Abwracker: Wie ein sparsamer Hausvater setzt sich Theo Albrecht Einsparpotenzialen persönlich auf die Spur. Unermüdlich kontrolliert er Läden: Brennt irgendwo unnötig Licht, wird Firmenmaterial verplempert oder stehen Türen offen, sodass Wärme entweicht? Den winterlichen Krankenstand sucht er mit dem fürsorglichen Rat zu senken, die Mitarbeiter mögen sich doch gefälligst witterungsgerecht kleiden. Und die Heißluft-Händetrockner in den Toiletten dürfen keinen Nachlauf haben: Hände weg, Gerät aus, augenblicklich! In diesem Punkt sind beide Brüder etwa so kompromissfreudig wie ein Rasiermesser. Die Kunden merken bald, dass sie es sind, die davon am meisten profitieren. „Wie wird man reich?" fragt ein Witz nicht weit von der Wahrheit. „Bei ALDI kaufen und die Ersparnis in Aktien angelegen!"

ALDI 4

Geschäft und Geschäfte

Bei ALDI ist der Äquator ist so wenig rund wie die Preise: Die Demarkationslinie zwischen den Discount-Domänen der Brüder Karl und Theo Albrecht führt von der holländischen Grenze zwischen Bocholt und Borken im Bogen nach Mülheim an der Ruhr, Wermelskirchen und Gummersbach, dann auf kurvenreicher Autobahn nach Siegen und Marburg, durch Hessen querfeldein zur Rhön und schließlich zwischen Thüringen und Bayern im Zickzack nach Hof an der Saale.

Vom Niederrhein nach Oberfranken: In Nordrhein-Westfalen und Hessen ist der Äquator ziemlich breit und reicht für zwei, in Gummersbach oder Siegen zeigen ALDI-Nord und ALDI-Süd einander fast in Sichtweite die Plastiktütenflagge. In den neuen Bundesländern herrscht ALDI-Nord allein. Bottrop und auch das thüringischen Sonneberg liegen zwar nördlich der roten Linie, gehören aber trotzdem zu ALDI-Süd – ein Grenzgewirr wie zu Zeiten der deutschen Duodezfürsten.

Die Teilung beendet einen Zwist ganz anders als der weise Salomo: In seinem berühmtesten Urteil spricht der König zwei Frauen jeweils eine Hälfte des kleinen Kindes zu, um das sie sich streiten. Als die echte Mutter auf die Zerstückelung verzichtet, ist der Fall klar. Karl und Theo Albrecht aber wollen es wissen: Sie teilen ihr Baby auf.

„Geh'n sie mit der Konjunktur", singt das „Hazy Osterwald Sextett" damals, „geh'n sie mit auf diese Tour!" Das Jahr 1961 setzt besonders wichtige Weg- und Wendemarken. Die DDR mauert Berlin entzwei. Der Russe Jurij Gagarin fliegt in den Weltraum. Sowjet-Chef Chruschtschow erklärt Stalin zum Verbrecher. Politiker feiern in Kahl am Main das erste Kernkraftwerk als strahlendes Siegeszeichen des technischen Fortschritts. Im ALDI-Reich aber weitet sich ein winziger Spalt zur unüberwindlichen Kluft. Es geht um Zigaretten. Die Chefs streiten sich wie noch nie. Theo möchte unbedingt ins Geschäft mit den Glimmstängeln einsteigen. Karl lehnt das kategorisch ab.

Den älteren der beiden Albrecht-Brüder plagen keine ethischen Bedenken: Die Zigarette ist damals noch weltweit Status-, Freiheits- und vor allem Männlichkeitssymbol. Leinwandhelden wie Humphrey Bogart, James Dean und Robert Mitchum sind selten ohne Lulle zu sehen, Yves Montand oder Charles Aznavour klebt die Fluppe selbst beim Singen an der Lippe. Gary Cooper, John Wayne und Paul Newman leiden noch nicht an Lungenkrebs, der fatale Zusammenhang zwischen Kippe und Karzinom bleibt den meisten Rauchern verborgen. Auch Karl Albrecht hat ihn nicht im Sinn. Er fürchtet etwas ganz anderes: sprunghaft ansteigenden Ladendiebstahl. ALDI ist von dieser Seuche aller Selbstbedienungsläden bisher verschont geblieben. Das soll so bleiben.

Keiner der Brüder gibt nach, lieber gehen sie zum Notar. Ihre 300 Läden machen 90 Millionen D-Mark Umsatz. Die Operation ist kompliziert wie die Trennung siamesischer Zwillinge, doch sie gelingt so gut, dass der tüchtige Rechtspfleger auch künftig für beide Bruderreiche Urkunden schreibt. Da hat er gut zu tun, denn die Teilung wird zum Triumph: Eigentlich wollen Karl und Theo Albrecht sich nur einfach nicht mehr länger streiten – jetzt entdecken sie das segensreiche Prinzip der Dezentralisation.

„Die Einzelführung ist der Kollegialführung vorzuziehen“, erkennt Theo Albrecht, und sein Bruder schließt sich an. „Vermutlich war dies eine Entscheidung, die den Bestand des Unternehmens und die erfolgreiche Entwicklung erst möglich gemacht hat“, sagt Ex-Geschäftsführer Brandes. „Ein Bruderzwist, der das Unternehmen hätte aufreiben können, wurde so auf jeden Fall vermieden. Durch die Trennung des Unternehmens konnten die Brüder grundsätzlichen strategischen aus dem Weg gehen.“

Dezentralisation macht es möglich, Methoden, Erfahrungen und Ergebnisse zu vergleichen. Und sie lässt jedem die Freiheit, sich für oder gegen eine neue Idee zu entscheiden. Der experimentierfreudige Theo Albrecht gründet in Herten eine KG und baut mit kühnen Initiativen das Nordreich auf. Der etwas konservativere Karl Albrecht erobert aus dem nahen Mülheim den Süden der Republik. Die Grenze ziehen die Brüder wie die Konquistadoren in Amerika. Die unterschiedlichen Charaktere der Chefs begünstigen ein ökonomisches Reizklima. Die Nord-Läden bieten rasch 600 Artikel an, das Süd-Sortiment bleibt lange bei 450. Der Jüngere verkauft bald Kühl- und Tiefkühlprodukte, später auch Non-Food. Der Ältere wartet erst mal ab und setzt auf den Lohn der Geduld durch den „Last-Mover-Advantage".

Anders als bei historischen Teilungen führt der nikotinhaltige Bruderzwist im Hause Albrecht nicht zu Zerwürfnis, Feindschaft oder Krieg, sondern zu friedlicher Koexistenz in belebender Rivalität. In den 70er Jahren blühen 1000 ALDI-Märkte, in den 80er Jahren sind es 2000, in den Neunzigern 3000 und 2005 über 4000.

Weil die Brüder ihre Erfahrungen austauschen, wird der Wissensschatz durch die Trennung noch viel größer. Karl und Theo Albrecht vergleichen Einkaufspreise, stimmen Strategien ab und verhandeln sogar gemeinsam mit Lieferanten. Über den Gewinn wird nicht gesprochen: In guten Familien ist Geld nur dann ein Thema, wenn es einer dringend braucht. Bei ALDI nicht der Fall. Der Süden hat ein paar Läden weniger, macht aber ein paar Milliönchen mehr: 11,5 gegen 10,7 Milliarden, getreu der alten Regel „je kleiner das Sortiment, desto größer der Umsatz".

Zugleich beackert Theo Albrecht neue Felder. Ehefrau Cäcilie („Cilly") übernimmt die Verwaltung von Liegenschaften der Firma, die ihre typischen ALDI-Pavillons bald nicht mehr mietet, sondern kauft und baut. Zwei Jahrzehnte später staunt das Wirtschaftsmagazin „Capital" über „den Aufbau eines Immobilienimperiums zwischen Flensburg und Garmisch-Partenkirchen" und zitiert einen Makler mit der so schlichten wie zutreffenden Erkenntnis: „Die Albrechts sind als Bauherren und Hauskäufer eine Macht."

Nicht nur das: Importe und Transporte übernimmt eine firmeneigene Seehafenspedition. Kaffeebohnen röstet ALDI selbst. Die ALVA in Herten vermittelt den ALDI-Angestellten Versicherungen und kassiert die Provisionen. ALDI-Eier legen bis zu 120.000 Legehennen auf dem eigenen Hertener Geflügelhof.

„Es ist immer die Politik der ALDI-Gruppe gewesen, von innen zu wachsen", sagt Theo Albrecht. Das schließt Zukäufe im Inland, aber nicht im Ausland aus. Diesmal geht Karl Albrecht voran, mit der für ihn typischen Vorsicht. 1967 übernimmt er die kleine Kette des österreichischen Filialisten Peter Hofer. Der Einzelhandel im Alpenland reagiert allergisch auf die „Piefkes", eine aufgeregte Presse erinnert gar an braune Zeiten und meint damit nicht Schokolade. Karl Albrecht ist klug genug, seiner ersten Auslandstochter den Traditionsnamen zu lassen, der so schön nach dem Tiroler Freiheitshelden klingt.

Doch auch diese von Deutschen so nicht erwartete Dezenz dämpft den Unmut kaum: 1975 fordert die Konkurrenz von der Politik sogar eine Art Anti-Hofer-Gesetz, um die Übernahme zu verhindern. Außerdem sollen einheimische Lebensmittler künftig auch Milch, Molkereiprodukte, Brot und Backwaren verkaufen dürfen. Die Initiatoren wollen damit angeblich die Nahversorgung der Bevölkerung verbessern, in Wirklichkeit aber geht es ihnen nur darum, die milch- und brotlosen Discounter aus Deutschland zu stoppen. Doch die Menschen wollen ALDI. Den Verbrauchern gefällt das bescheidene Konzept. Die primitive Darreichung auf Paletten, dazu Gratiskartons – nichts Klotziges und Protziges, wie man es vom ungeliebten Nachbarn befürchtet.

Mit seinen unprätentiösen Verkaufsmethoden bringt ALDI frischen Wind in die österreichische Versorgungslandschaft, bricht überlebte Strukturen auf, knackt verkrustete Ständepraktiken, regt Nachahmer an, fördert das Preisbewusstsein und auch den Fremdenverkehr, denn die Deutschen folgen ihrem Discounter in die einsamsten Täler: der Discounter als Modernisierer, Motivator und Magnet.

Theo Albrecht zieht es westwärts: 1973 ist ALDI-Nord in Holland, 1976 auch in Belgien ante portas. Zwei Jahre später schreibt das Fachblatt „Trends" ironisch: „Die Gebrüder Albrecht, zwei Selfmademen, begannen in Deutschland mit Prinzipien, die die etablierten und bedeutenden Händler die Köpfe schütteln ließen. Die Fachleute des Handels wussten, dass ein solches Projekt wahnsinnig war, und das aus guten Gründen. Der Verbraucher will ein vollständiges Angebot an einem Ort. Ein Supermarkt hat eine Auswahl von ungefähr 5.000 Artikeln. Je größer die Auswahl, desto mehr Kunden kann man anziehen. Der Verbraucher wünscht eine angemessene Verkaufsatmosphäre und eine luxuriöse Einrichtung. Die Mehrzahl der Verbraucher kauft keine unbekannten Marken. ALDI verkauft zu billig. Das kann er nicht durchhalten." Nach dieser Aufzählung spottet der Verfasser: „Ja, und was haben wir früher auch noch alles gehört? Bei uns will der Kunde bedient werden, in Belgien hat Selbstbedienung keine Chance. Supermärkte: gut für Amerika, aber bei uns klappt das nicht ..."

Pustekuchen! In keinem anderen Land startet ALDI schneller durch als in Belgien, bald machen 300 Filialen 2,5 Milliarden D-Mark Umsatz. In Dänemark ist der Widerstand noch viel größer. Ein Einzelhandelsfunktionär wundert sich über die Deutschen: „Ich verstehe nicht, was die hier wollen. Die dänischen Kaufleute tun ihr Bestes und stehen in hartem Konkurrenzkampf untereinander!" Nach fünf ALDI-Jahren schaltet sich 1984 die Kopenhagener Monopolaufsicht ein und beanstandet den Marktanteil von fünf Prozent. Zeitungen schocken ihre Leser mit Schlagzeilen wie „Das ist der Deutsche, der euch beherrscht!" Theo Albrecht kontert mit Plakaten an den Fenstern seiner Filialen: „ALDI versteht sich in Dänemark als dänisches Unternehmen." Als das noch immer nicht reicht, fügt er den zarten Hinweis hinzu, dass die großen dänischen Exporterfolge Richtung Deutschland auch mit der Verkaufsmacht seines Unternehmens in der Heimat zu tun hätten. Das wirkt.

Geschäft und Geschäfte: 1979 wagt sich Karl Albrecht über den großen Teich und kauft sich bei der kleinen Lebensmittelkette „Benner Tea of Iowa" ein. Der „Hawkeye State" mit dem Adlerauge im Wappen liegt im stockkonservativen Mittleren Westen: endlose Maisfelder, wenige Einwohner, sehr viel Natur. Auch hier rufen die Unken: Im Reich üppig bestückter Shopping-Malls mit Musikberieselung, Einpackdienst und pausenlosem Werbedruck habe ALDI keine Chance, heißt es. Doch der Deutsche nennt die Kette „ALDI Benner“ und macht aus 25 Läden in fünf Jahren 125.

„Gegessen wird überall, auch in Amerika“, sagt Karl Albrecht und siedelt seine kargen Kistengrotten vornehmlich in tristen Vorstädten an. Anders als einst die Pioniere wandert er von West nach Ost, erst nach Chicago, dann nach Pennsylvania. Theo Albrecht will dem Bruder das Land der unbegrenzten Möglichkeiten nicht allein überlassen, und 1978 zieht ALDI-Experte Brandes, damals Geschäftsführer bei ALDI-Nord, seinem Chef die US-Feinkostkette „Trader Joe's“ an Land. Edle Weine und exklusive Käsesorten aus Europa, das ist mal was ganz anderes. Gründer Joe Coulombe hat in Stanford Business studiert und lockt Besserverdiener aus bis zu 100 Kilometern Entfernung in seine Deli-Tempel nach Hollywood oder Pasadena.

Der kalifornische Kulinarier kann mit den Kapitalisten aus dem Kohlenpott erst mal nichts anfangen, seine Kette ist Kult, er bangt um sein Prestige und auch um das Personal, das als „Crew“ mit einem „Captain“ und einem „Zweiten Steuermann“ in Hawaiihemden antritt. Doch Brandes kann ihn überzeugen, und heute macht „Trader Joe's“ mit rund 3000 Artikeln acht Milliarden Dollar Umsatz. „Die Produktauswahl ist begrenzt“, beobachtet das „Handelsblatt“, „ein bisschen Öko, ein bisschen Gourmet und ein bisschen Discount. Kurzum alles, was der standesbewusste, linksliberale Amerikaner braucht.“

1984 kauft sich Theo Albrecht im wildromantischen „Edelstein-Staat“ Idaho auch noch in Amerikas sechsgrößte Supermarktkette „Albertsons“ ein. In Frankreich aber stößt er erstmals auf einen deutschen Konkurrenten: Lidl. Die Discounter-Kette des Neckarsulmer Handelsriesen Schwarz ist wie ALDI ein privates Wirtschaftswunder, nur viel älter: Gründer Josef Schwarz tritt 1930 als Gesellschafter in die Heilbronner „Südfrüchte Großhandlung Lidl & Co.“ ein und macht daraus den „Lidl & Schwarz Lebensmittel-Sortiments-Großhandel“. Sohn Dieter Schwarz eröffnet 1973 in Ludwigshafen den ersten Discounter-Markt. Weil er nicht will, dass die Leute „Schwarz-Markt“ sagen, kauft er dem pensionierten Berufsschullehrer Ludwig Lidl für 1000 D-Mark die Namensrechte ab. 1993 hat Schwarz sogar mehr Filialen als ALDI.

Auch der Nürnberger Handelsriese NORMA, schon 1921 in Fürth gegründet, mischt in Frankreich mit. Experten sagen den deutschen Discountern im Reich des „Savoir vivre" eine Schlappe voraus: Über 7000 Super- und 1000 Hypermärkte mit 70.000 Artikeln auf bis zu 6000 Quadratmetern sind starke Gegner, haben bereits ein Viertel des gesamten Lebensmitteleinzelhandels unter Kontrolle. Theo Albrecht tastet sich erst über Holland und Belgien von Nordosten in das Baguette-Biotop vor, schluckt aber dann in einem Überraschungscoup die Discountkette „Dia" mit 70 Filialen vor allem im Süden. Zum Auftakt unterbietet er die Preise der einheimischen Konkurrenz gleich mal flächendeckend um ein Drittel. Prompt verdoppelt sich sein Marktanteil auf über elf Prozent.

Die Ex-DDR liegt nördlich des ALDI-Äquators, doch nach der Wende macht Theo Albrecht zur Verblüffung der Experten keinerlei Anstalten, in die Neufünfländer zu expandieren. Stattdessen gibt er die Parole aus: Lasset die Kundlein zu mir kommen. Tausende Trabifahrer knattern ins Konsumparadies und kaufen sich die Kofferräume voll. Alt-ALDIaner müssen plötzlich Schlange stehen. Das sind sie nicht gewohnt. Für die Neubundesbürger ist es normal, sie harren auch in Schnee und Kälte aus. Die Frankfurter Unternehmensberatung „M+M Eurodata" fragt Thüringer und Sachsen, was sie sich am meisten wünschen. Antwort: „An jeder Ecke einen ALDI!"

Erst aber müssen Immobilien und Logistik stimmen. 1992 ist es soweit, Theo Albrecht expandiert nach Osten. Karl Albrecht will sich in England schadlos halten, aber dort sind die Platzhirsche von anderem Kaliber als die verhärmten HO-Läden aus dem ehemaligen „Volkseigentum". In Birmingham, Liverpool oder Manchester kontern britische Ketten die ALDI-Attacke ihrerseits mit Dumpingpreisen und nehmen einheimische Lieferanten ins Gebet, bis die englischen Wettbewerbshüter eingreifen müssen. Britannia, rule the wares!

Auch Lidl und die dänische Supermarktkette Netto geraten jenseits des Kanals in schwere See. Karl Albrecht reagiert mit einem überaus eleganten Manöver: Er lässt sich einfach von dem großen, aber hoch verschuldeten Supermarktriesen „Gateway“ huckepack nehmen und hat für sein Sortiment, wenn auch nur als Mieter, plötzlich Verkaufsflächen in 700 Filialen.

Heute teilt der ALDI-Äquator die ganze Welt: Theo Albrecht kümmert sich um Belgien, die Niederlande, Luxemburg, Frankreich, Spanien, Portugal, Dänemark und Polen. Karl Albrecht ist in Österreich, Großbritannien, Irland, der Schweiz, Slowenien, Ungarn, den USA und Australien am Werk. Insgesamt führt die Koalition der Billigen 8200 Filialen, davon 7000 in Europa, und jede Woche kommt irgendwo auf der Welt eine neue dazu. In Deutschland sind es bei der letzten Zählung 2011 zusammen 4335, davon 2535 im Norden und 1790 im Süden. „In meinem Reich geht die Sonne nicht unter“, rühmte der Habsburger Karl V. vor 500 Jahren. Das können die Albrechts von ihrem Handelsimperium ebenfalls behaupten. Sie müssen nur das kaiserliche „meinem“ durch ein brüderliches „unserem“ ersetzen.

Nur in Griechenland will es nicht klappen: Als 2010 die große Krise kommt, erklärt Karl Albrecht die Geschäftstätigkeit seiner 38 Filialen nach nur zwei Jahren für beendet. Es ist das erste Mal, dass ALDI ein Land aufgibt. Kein gutes Omen für die Hellenen, aber ein überzeugender Beweis unternehmerischer Führungskraft. Balthasar Grácian in „Kunst der Weltklugheit“: „Ein schöner Rückzug ist ebenso viel wert als ein schöner Angriff.“

ALDI 5

Ware und Wettbewerb

Das erste Lockvogelangebot passt perfekt in die Zeit: Butter! Karl und Theo Albrecht bieten die begehrte Mangelware 1950 in ihren 13 Läden sogar unter den Einkaufskosten an. Der Preisknüller ködert Kunden in Scharen, das Geschäft blüht. Der Krieg ist seit fünf Jahren zu Ende, die Rationierung aufgehoben, die Zeit der Lebensmittelmarken vorbei, auf die „Fettlücke“ folgt die „Fresswelle“. Gert Fröbe spielt 1948 in der „Berliner Ballade“ den „Otto Normalverbraucher“ als halb verhungerten Heimkehrer von gerade mal 53 Kilo; 18 Jahre später wiegt er als schurkischer Milliardär „Goldfinger“ 95 Kilo mehr.

Die Butter wird zur Benchmark des Booms: Der fromme Katholik genießt sie 1950 zur Fastenzeit indes nur mit der schriftlichen Erlaubnis seines Pfarrers, dem „Butterbrief“. Die dänische Grenze heißt „Butterfront“, vollschlanke Damen pflegen eine „Buttercremetaille“. Die Bauern melken mehr Milchvieh als je zuvor, und 1960 türmt sich in der Bundesrepublik bereits der berühmte „Butterberg“ des Wirtschaftswunders.

Der Sonderverkauf der streichfähigen Schnäppchenware wird zur Mutter alle ALDI-Aktionen: Schon bald führen ähnlich beliebte Beutegüter, so der Ernährungswissenschaftler Rainer Mihr und der Volkswirtschaftler Markus Oess in ihrer Untersuchung „Verkaufsmaschine Aldi“, zu „tumultartigen Szenen in und vor den Läden“. Die Kundschaft reißt sich um wöchentlich wechselnde Angebote aus allen denkbaren Themenwelten wie Auto, Sport, Textil, Wohnen und Unterhaltungselektronik. Der Münchner Kulturredakteur Hannes Hintermeier bestaunt in seinem Reportagebuch „Die Aldi-Welt“ einen Run auf Balkonpflanzen durch eine „anstürmende Blumenkübelmeute“, bei der „nicht der grüne Finger, sondern die ausgefahrene Schnäppchenkralle“ zum Einsatz gekommen sei: „Das ist ein Hauen und Stechen, da reißen sich gutbürgerliche und gutsituierte Damen fortgeschrittenen Alters die Paletten aus den Händen; besonders Dreiste versuchen schamlos, Verpaßtes aus fremden Einkaufswagen auszuladen. Gerungen wird mit Scheinfragen und Ablenkungsmanövern, mehr schlecht als recht von Ehemännern flankiert, denen dieses Schauspiel offensichtlich a) unwürdig, b) insgeheim peinlich, aber c) letztlich sowas von wichtig ist, daß sie sich wie Kampfhähne zwischen die flatternden Weibchen werfen."

Das Grüngefecht beginnt pünktlich mit Öffnung der Pforten zum Paradies, als Kriegserklärung dient ein schlichtes Schild mit der knappen Information „Dienstag, 9. Juni, 9 Uhr Balkonpflanzen", und wer die „Schlachtstätte" eine Stunde zu spät betritt, steht vor den kümmerlichen Resten, ein paar mickrigen Restexemplaren, Spuren von Blumenerde auf dem Boden und der vermutlich vergeblichen Hoffnung auf einen Nachschlag noch in dieser Saison. Die blühende Beute ist billig, doch bald wird auch Teures energisch erkämpft, im Mai 1996 sogar ein erster Computer: 586er Cyrix-Prozessor, Monitor, Software, Spiele für 1998 D-Mark. Die „Frankfurter Allgemeine" kommt nicht umhin, die ALDI-Kiste kräftig zu loben. Auf dem Rechner steht „Medion", Experten wollen in ihm ein Markenprodukt des Paderborner PC-Händlers Peacock erkennen. Der dazu angebotene Drucker scheint Fachleuten von dem japanischen Hardware-Hersteller Epson zu stammen und ist ebenfalls deutlich günstiger als die entsprechende Markenware.

Die Medion AG ist ein Unternehmen, das elektronische Konsumartikel, insbesondere Computer und Notebooks, konzipiert, zusammenstellt oder vertreibt. Firmensitz ist die ehemalige Gustav-Heinemann-Kaserne in Essen-Kray, eine Zweigstelle arbeitet praktischerweise in Mülheim. Über die Vorteile der „strategischen Allianz" mit dem Discounter schreibt Steffen Parth in seiner „Fallstudie ALDI": „Medion hat die Möglichkeit, mit ALDI zu wachsen und kann größere Mengen umsetzen. ALDI wird die Arbeit abgenommen, sich mit komplexen Produktentwicklungsprozessen von Elektronikgeräten zu befassen."

Überraschungseffekte sorgen immer wieder dafür, dass sich der ALDI-Kunde trotz des schmalen Sortiments nicht langweilt. Die Fülle höchst unterschiedlicher Artikel lässt die Augen glänzen. Mal lockt ALDI, so beobachtet Hintermeier, „die Millionenheere der Heimwerker mit Bohrmaschinen, Handkreissägen, Winkelschleifern, Gummibesen, Spaten, Gartenschläuchen, Schlüsselsätzen, Schraubensortimenten, Werkzeugkoffern und anderem männlichen Gerät" in die Filialen. Dann wieder finden Freunde ausgereifter Technikartikel Fotoapparate, Stereoanlagen oder Fernseher, „stets verbunden mit einer Einjahresgarantie plus Reparaturadresse. Das gibt es nicht einmal im Fachhandel."

Medion steuert noch die Pointe bei, ausgerechnet durch denjenigen Discounter bekannt geworden zu sein, der am wenigsten auf Marken gibt: ALDI entwickelt lieber Aldinativen. Die Strategie trotzt dem Trend einer Zeit, in der Hersteller mit großem Werbeaufwand immer neue Markennamen ins Bewusstsein der Verbraucher pflanzen. Aus einer provisorischen Honig-Abfüllerei im Keller einer Hamburger Firma wird 1948 „Langnese". In Viersen lässt „Teekanne" 1949 den Doppelkammerbeutel patentieren. 1950 verkaufen Wuppertaler Drogisten mit „o.b." den ersten deutschen Tampon. 1951 bringt Beiersdorf in Hamburg mit „8 x 4" die erste desodorierende Seife auf den Markt. 1953 liegt das erste frischeverpackte „Herta"-Sortiment im Wurstregal. 1954 schenkt Kraft den Deutschen Ketchup, und Nestlé füllt den ersten sofortlöslichen Landkaffee „Caro" in die Tassen.

Immer mehr Artikel drängen auf den Markt, immer mehr Firmen setzen auf die Kraft der Marke. 1958 serviert Eckes in Nieder-Olm das „Hohe C" als ersten trinkfertigen Orangensaft, 1959 stellt Nestlé „Nesquik" auf den Tisch. 1960 prägt Suchard den weißen Schriftzug „Milka" auf lila Schokoladenhüllen. 1961 verkauft Kraft „Miracoli"-Spaghetti als erstes Fertiggericht. 1962 bringt Irmgard von Opel, Enkelin des Autobauers Adam von Opel, aus Amerika die Kartoffelchips mit und baut mit ihren Söhnen Carlo und Heinz eine Produktionsanlage für „Chio-Chips" auf ihrem Hofgut Petersau. 1963 springt der erste „Golden Toast" aus dem „Rowenta"-

Toaster. Und seit 1964 versüßt „Nutella“ nicht nur Kindern das Aufstehen.

Ware und Wettbewerb: Das alles gibt es bei ALDI auch – es heißt nur anders, und das aus gutem Grund. Denn bei den Herstellermarken bestimmen allein der Produzenten Qualität, Preis und Werbung. „Genau darin lag für die Aldi-Brüder der Hase im Pfeffer“, schreibt die Lebensmitteltechnologin Martina Schneider in ihrer Detektivarbeit „Aldi – welche Marke steckt dahinter?“. Anfangs stellen auch Karl und Theo Albrecht „Erdal“-Schuhcreme oder „Blendax“-Zahnpasta in die Regale. Bald aber fühlen sie sich von den Vorgaben der Hersteller eingeengt. Um unabhängig zu sein, setzen sie auf Eigenmarken. Denn dann können sie für einund dasselbe Produkt verschiedene Lieferanten verpflichten: „Der Hersteller ist nur eine Art Dienstleister, dem auch gekündigt werden kann“, erläutert Expertin Schneider. „Dies ermöglicht Aldi natürlich einen entscheidenden Verhandlungsvorteil bei den Lieferverträgen.“

Der Start ist schwierig: Kein Kunde kennt Produkte, die kein Werbespot nennt. Doch bald spricht sich die Qualität der No-Names herum. Schon seit 1975, so das Frankfurter Fachblatt „Lebensmittelzeitung“, schneidet das ALDI-Waschpulver „Tandil“ in den Tests der „Stiftung Warentest“ nie schlechter ab als die renommierten Industriemarken wie „Persil“ oder „Ariel“ – kostet aber kaum mehr als die Hälfte. Und nach einer Statistik des Stolberger Private-Label-Experten Rudolf W. Vanderhuck haben „Handelsmarken keine schlechtere, sondern im Gegenteil sogar eine bessere Benotung als die Markenartikel der Industrie“: im Durchschnitt 1,93 gegen 2,14. Zum Beispiel führe „auf Dauer kein Weg daran vorbei, dass die Sonnenschutzmittel der Handelsmarken regelmäßig die Bestnoten zwischen 1,0 und 1,4 erhalten, zugleich aber nur ein Viertel so viel kosten wie die Alternativen der klassischen Markenartikel.“

Mehr noch: Dass ALDIs Schachteln, Packungen und Flaschen von denselben Herstellern gefüllt werden wie im teureren Supermarkt nebenan, ist erst nur ein Gerücht, bald aber kein Geheimnis mehr. ALDI-Archäologin Schneider recherchiert für ihren Report 100 Top-Artikel des Discounters. Handelsregister, Veterinärkontrollnummern, der Europäische Schutzmarken-Dienst und Artikel in Wirtschaftszeitungen weisen den Weg zur Quelle. Erdnüsse? Bei ALDI-Nord heißen sie „Trader Joe's", bei ALDI-Süd „Farmer", doch beide stammen ebenso wie die renommierten Marken „Felix" oder „Ültje" von der niederländischen „Nut Company" im westfälischen Schwerte, die das auch gar nicht bestreitet. Wenn sich Heidi Klum werbewirksam „Katjes Yoghurt Gums" zwischen die frisch lackierten Zehen steckt, denkt der Zuschauer kaum an ALDIs preiswerte „Sweetland Joghurtfrüchtchen", dabei zeigt sich weder in der Zutatenliste noch in der Nährwertkennzeichnung der geringste Unterschied. Das „Handelsblatt" schätzt, dass „Katjes Fassin" aus Emmerich rund die Hälfte seiner Jahresproduktion von 56.000 Tonnen über ALDI an die Schleckermäulchen bringt.

Butterkekse heißen bei ALDI-Nord „van Botta" und bei ALDI-Süd „Monarc", doch beide bedienen sich bei der Feurich GmbH in Hannover, über die das Handelsregister der Stadt schreibt: „... zählt zur Firmengruppe Bahlsen." Zwar versichern die Traditionsbäcker mit dem legendären Leibniz-Keks (seit 1891): „Wir wollen uns nicht mit den Billigheimern messen. Bahlsen ist keine Schnäppchen-Marke." Doch für Markendetektivin Schneider zeigt sich der Unterschied nicht im Geschmack, sondern nur in den Zahlen: „Es wird zunehmend schwerer, eine Packung original Leibniz-Butterkekse zu verkaufen, wenn ein ähnliches Produkt für weniger als die Hälfte bei Aldi im Regal liegt", schreibt sie ganz vorsichtig. „Wenn Sie Wert auf die 52 Zähne eines echten Leibniz-Kekses legen, müssen Sie natürlich zum Original greifen. Doch ansonsten sind sicher auch die Feurich-Alternativen von hoher Qualität." Und wer den Volkskeks toppen will, muss eben einen Zahn zulegen.

Der Slogan „Alles Müller oder was?" gilt auch für ALDI, denn beim Discounter kommt die Buttermilch ebenfalls aus Deutschlands größter Privatmolkerei in Aretsried. Bei ALDI-Nord heißt sie „Milsani", bei ALDI-Süd „Milfina". Cornflakes verkauft Theo Albrecht unter der Marke „Gletscherkrone", Karl Albrecht als

„Knusperone“, doch beide Sorten produziert die Lüneburger Cerealien-Küche „De-Vau-Ge“, die der protestantischen Freikirche der Siebenten-Tags-Adventisten gehört. „mmh ... Frischer Krautsalat“ wird für ALDI-Nord bei Türk & Papst, „Armada leckerer Krautsalat“ für ALDI-Süd bei „Liesner Feinkost“ hergestellt; laut Unternehmensdatenbank der Industrie- und Handelskammer Nordrhein-Westfalen sitzen beide Firmen in Bottrop, in derselben Straße wie der Feinkost-Riese Nadler, mit dem sie auch die Telefonnummer teilen.

Als der Fußballer Willi Schulz 1965 von Schalke zum Hamburger SV wechselt, sind viele Schalke-Fans so sauer, dass sie seine Kneipe boykottieren: Sie strömen zwar weiter in Scharen hinein, bringen ihr Bier aber provozierend von einer Trinkhalle gleich gegenüber mit. Jahre später verrät der Vizeweltmeister im schönsten westfälischen Platt: „Wat die nich wussten: dat Trinkhalle gehörte mich auch.“ Ähnliche Motive bewegen wohl auch Bayern Münchens Manager Uli Hoeneß, seine Nürnberger Bratwurstfabrik nur „HoWe“ zu nennen: Die schweinernen Saitlinge sollen auch den Grill-Gourmands schmecken, die ihn und seinen Fußballverein nicht mögen, denn „HoWe“ bringt seine „Original Nürnberger Rostbratwürste“ über ALDI-Nord und ALDI-Süd bundesweit an den hungrigen Fan. Außerdem finden sich die kleinen Fetten mit dem Majoran-Aroma auch noch bei anderen Discountern, und angeblich sogar bei den Edel-Essern im Käfer-Feinkostzelt auf dem Oktoberfest. Unterschiede gibt es höchstens im Preis: „Wir machen nur ein Produkt“, sagt Hoeneß-Sohn Florian, „eine HoWe-Bratwurst muss bei Tengelmann genauso schmecken wie bei Aldi, Plus, Netto oder wem auch immer.“

Ihren Senf dagegen geben ALDI-Nord und ALDI-Süd lieber getrennt dazu. Theo Albrecht setzt mit seinem „Heiden Düsseldorfer Senf“ auf den Ruf der Rheinmetropole als Europas zweiter Senfhauptstadt nach Dijon. Die Firma nennt nur eine Postanschrift: Kieshecker Weg 240, 40468 Düsseldorf. Unter der gleichen Adresse firmiert auch das renommierte Unternehmen „Löwensenf“. Karl Albrecht führt den „Kim Delikatess Senf“ der „Gritto Werke“ in

Hagenow. Das Unternehmen, so Discount-Detektivin Schneider, „scheint in der Lebensmittelbranche ein Nobody zu sein. Gritto ist kein Mitglied im Verband der Essig- und Senfindustrie, Gritto unterhält keine Website, ja selbst etablierte Wirtschaftsdatenbanken müssen passen." Erst im Handelsregister Berlin-Charlottenburg findet sich ein Hinweis: „Die Gritto-Werke verschmelzen mit der Berliner Niederlassung der Carl Kühne KG". Seither sind die Mecklenburger einer der fünf Standorte der Hamburger Gurken-Giganten.

Ganz offen spricht dagegen das Düsseldorfer Familienunternehmen Zamek über seine ALDI-Connection: „Der Unternehmensbereich Dr. Lange betreut die Eigenmarken vieler großer Handelsunternehmen in Europa", heißt es auf der Homepage. Für ALDI-Süd brüht „Dr. Lange" die „Lachende Köchin Champignoncremesuppe", für ALDI-Nord die „Pottkieker Champignoncremesuppe", deren Etikett eine „Lamarc Feinkost GmbH" nennt – ebenfalls ein Zamek-Label.

Eine andere Variante nutzt ALDI beim Kaffee: Der Discounter beheizt die Bohnen in eigenen Röstereien, auch aus Imagegründen: „Mit der Kaffeemarke konnte Aldi immer besonders deutlich sein hohes Qualitätsniveau und seine niedrigen Preise demonstrieren", sagt Ex-Manager Brandes. ALDI-Nord lässt seinen „Markus Kaffee" aus Weyhe bei Bremen und aus Herten liefern. Das Unternehmen heißt anfangs „Albrecht-Kaffee-Gesellschaft", nimmt dann aber den Namen des Evangelisten an, dem auch die neugotische Kirche am idyllischen Albrecht-Wohnsitz Essen-Bredeney geweiht ist. ALDI-Süd verkauft „Amaroy-Kaffee" aus firmeneigenen Röstereien in Mülheim und aus Ketsch bei Mannheim.

Der Erfolg ist ALDI-like: „Die Konkurrenz auf dem Kaffeemarkt wird immer heißer", schreibt der „Spiegel" 1986. Jahrelang liefern sich die Großröster Tchibo und Jacobs ein Kopf-an-Kopf-Rennen. Nun boxte sich erstmals ein Branchenfremder an die Spitze: ALDI, mit 18,9 Prozent Marktanteil vor der Hamburger Tchibo-Gruppe mit 18,8 Prozent. Das Hamburger Magazin stellt fest: „Der Klassensieg der Aldi-Röstereien ist der Lohn für eine rigorose Niedrigpreis-Politik. Eindeutige Verlierer beim Kampf um Kunden und Marktanteile sind die Bremer Röster Jacobs (16,9 Prozent) und Hag (2,0 Prozent)."

Auch mit Instant-Kaffee hat ALDI Erfolg. Im Norden heißt der schnelle Koffein-Kick „Kena Kaffeeextrakt", im Süden „Belmont Gold Kaffeeextrakt". Geschäft ist Geschäft: Hauptlieferant des Discounters ist die „Deutsche Extrakt Kaffee" (DEK) aus der Hamburger Cafeastraße, 1955 mitbegründet von Tchibo-Gründer Max Herz und dem Bremer Bohnen-Tycoon Walther J. Jacobs. Jacobs-Sohn Klaus geht 1987 im „Kaffee-Krieg" („DIE WELT") mit den Worten in Stellung: „Unser Gegner heißt Aldi!" Der Discounter siegt, „Jacobs" gehört heute dem US-Lebensmittelmulti „Kraft Foods".

Nur das Allerbeste sagen Käufer und Tester über ALDI-Spirituosen: Der Geist ist billig, die Flasche keineswegs schwach, und bei Flüssigware brodeln die Gerüchte besonders heiß. Auf der ALDI-Kultseite „Aldibaran" munkeln Kenner, der „Delmora Cava" stamme von Spaniens Schaumwein-Champion Freixenet. Andere Alkoholika-Experten vermuten die Quelle des vorzüglichen „Erlabrunn Riesling Sekt" bei Deinhard in Koblenz: Dort füllt auch die auf dem Etikett genannte „Sankt Florin Sektkellerei" ab – in der Deinhardstraße. Ex-ALDI-Manager Fedtke erinnert sich, dass „der hauseigene Sekt bei Blindverkostungen mit Produzenten von Konkurrenzprodukten regelmäßig namhafte klassische Champagner aus dem Feld schlug." Für die berühmten kalifornischen „Ernest & Julio Gallo, Winemaker" räumt Chefwinzerin Gina Gallo im „Hamburger Abendblatt" ein, dass ALDI ein großer Abnehmer sei. Der „Burlwood California Cabernet Sauvignon", bei ALDI-Süd für 2,59 Euro im Regal, findet sich zuweilen auch ganz offiziell auf der amerikanischen Homepage der Traubenpresser. Ein „Fun-Wein", findet Gina Gallo, „fruchtig, erfreulich und zugänglich."

Mehr muss der Mensch nicht haben. „Ich war früher für eine Sekt- und Weinkellerei tätig", meldet sich ein Zeuge auf der Website www.lebensmittelmarken.de, „für Lidl und Aldi wird meist nur ein anderes Etikett benutzt. Die Qualität ist gleich, da Rüstkosten an der Füllanlage zu teuer sind." Deshalb fließen Hoch- und Kleinpreisiges aus derselben Quelle. Ein Student über einen Ferienjob bei Nadler: „Dort laufen die Salate auf dem gleichen Band und teilen sich am Ende der Produktionsstraße. Auf die einen kommen Nadler-Deckel und auf die anderen Armada-Deckel, und die werden an Aldi geliefert." Eine andere Zeugin erzählt: „Ich habe letztens eine ganze Kiste Joghurt bei ALDI-Süd gekauft. Und unten in der Kiste lag ein Kontrollzettel der Firma Müllermilch."

Es gilt das Rumpelstilzchen-Prinzip: Ach wie gut, dass niemand weiß. Denn das Billigere ist nicht selten sogar das Bessere: „Das Hühnerfrikassee hat 20 Prozent mehr Fleischanteil als das Original", verrät ein Zeuge auf www.supernatur-forum.de, „denn Aldi schreibt dem Hersteller gewisse Inhalte vor." Der Technische Leiter eines Saft-Abfüllers weiß: „Die Discounter stellen so hohe, detaillierte Anforderungen, dass immer eine hohe, gleichbleibende Qualität herauskommt."

ALDI-Kontrollen umfassen sensorische Untersuchungen, Analysen in eigenen und fremden Labors sowie ständige Gewichtsprüfungen. Jeden Tag werden zehn Produkte blind verkostet. Treten Mängel bei der Qualität oder im Geschmack auf, klingelt noch am gleichen Tag beim Lieferanten das Telefon. Dann muss der Absender die Ware auf eigene Kosten zurückholen. „Wat jestrichen ist, kann nicht durchfallen", sagt Tucholsky. Expertin Schneider sagt noch knapper: „Wer patzt, der fliegt." Oft reicht es schon, wenn ein Artikel bei der „Stiftung Warentest" nur ein „ausreichend" schafft.

Die harte Gangart lohnt sich, ALDI bleibt von größeren Lebensmittelskandalen verschont und hat sich so ein Urvertrauen erworben – nicht nur bei preisbewussten Konsumenten, sondern, Umfragen zeigen es immer wieder, bei fast allen Deutschen.

Nach einer „Handelsblatt"-Umfrage liegt ALDI beim Verbraucher in der Vertrauensfrage vor allen anderen Unternehmen außer Porsche. Das Branchenblatt „Lebensmittelreport" bestätigt: „Aldi ist ein Billig-Anbieter ohne Billig-Image."

2003 investiert der Bundesverband der Markenartikler 25 Millionen Euro in eine PR-Kampagne. Auf den Plakaten steht: „Die

Marke. Etwas anderes kommt mir nicht in die Tüte." Prompt spottet die „ZEIT“: „Eigentlich müsste der Werbespruch heißen: Bitte Marken kaufen, nicht zu Aldi laufen!“ Heute liegt der Anteil der No-Name-Produkte bundesweit bei 35 Prozent. Schneider: „Aldi hat die Handelsmarke hoffähig gemacht.“ Ein Spruch aus dem Internet reimt dazu passend: „Trinkst du Aldis Dosenbier, kommt tiefere Erkenntnis dir!“

ALDI 6

Werbung und Wahrnehmung

Die Schlagzeilen sind kurz, knapp und präzise: „ALDI aktuell" steht über der Anzeige, „Unsere Angebote" oder auch nur schlicht und ergreifend „ALDI!" Die Beschreibung verzichtet auf Superlative, Selbstbeweihräucherung, Modernismen, Anglizismen und erst recht auf die in der Werbebranche so beliebten Wortspiele. Meist muss die nackte Produktbezeichnung genügen: „Frisches Obst und Gemüse" – „Gebäck-Kränzel" – „Dampfbügelstation". Sogar über dem Foto eines sensationell günstigen Multimedia-PC steht höchstens mal ein maßvolles „Starke Leistung".

Der ALDI-Slogan ist so einfach wie einprägsam: „Qualität ganz oben – Preis ganz unten." Die beste Werbung ist der Name selbst: Oft lockt allein die Nachricht von der Eröffnung einer neuen Filiale das Publikum in hellen Scharen an. „Pünktlich 8:35 Uhr standen wir vor dem Eingang des neuen ALDI-Süd Frankfurt Raimundstraße", meldet ein Informant auf „Aldibaran", einer Kult-Seite von Fans des Discounters. „Die Außenansicht ließ schon einiges erwarten: akkurat gefüllte Regale, blitzeblanker, gelbgekachelter Fußboden, neue Einkaufswagen. Eine sechsköpfige Führungstruppe von ALDI-Süd, leicht erkennbar an den dunklen Anzügen, zeugte von der Wichtigkeit dieses Ereignisses. Naja, was soll ich sagen: Türen auf. Ab diesem Moment kann ich nur noch in Stichworten schildern, was geschah, denn mich hatte der Kaufrausch gepackt."

Die Stichworte lesen sich so: „Gedrängel, wie immer. Sekundenbruchteile später sahen die Regale nicht mehr ganz so schön aus. 2 x Bettwäschegarnituren für 22.90; 6 x Spaghetti für 0.69; Feldsalat 1.39; 2 x Tikü-Spinat, 0.79; 4er-Pack Batterien 2.98 – den Rest weiß ich nicht mehr. Ich erinnere mich nur noch an die nette junge Tempeldienerin an der Kasse, die half, die Sachen wieder in den Einkaufswagen zu verstauen, während die Kassiererin mir mit einem Lächeln den Bon über 138,76 überreichte. Es war ein furchtbarer Stress, fürchterliches Gedrängel, unüberschaubar. Ich werde morgen wieder hingehen!"

Wer solche Kunden hat, braucht keine Werbung mehr. Den ALDI-Gründern wird das sehr früh klar. „Abschließend möchte ich sagen, dass unser Betrieb fast ausschließlich dirigiert wird von niedrigen Verkaufspreisen", beendet Karl Albrecht 1953 seinen Fachvortrag, in dem er den Prozentsatz für Werbungskosten auf „noch nicht einmal 0,1 Prozent" beziffert. „Alle anderen Maßnahmen zur Belebung des Geschäfts werden nicht angewandt und stehen schon lange nicht mehr zur Debatte."

„Hätten die Mitbewerber den Ausführungen damals mehr Aufmerksamkeit geschenkt", meint Ex-ALDI-Manager Brandes, „sähe die Handelslandschaft heute möglicherweise ganz anders aus." Und die Werbelandschaft erst recht. Kaum ein anderer Wirtschaftszweig nimmt so viel Einfluss auf Denken, Reden und Handeln der Menschen wie die Werbebranche. Kaum ein anderer auch arbeitet so intensiv an Sprachschöpfung, Alltagskultur und den Grundlinien unserer Lebensauffassung.

Bilder und Botschaften schleichen sich in unser Unbewusstes. Slogans werden geflügelte Worte, Sprüche spiegeln den Geist der Zeit. „Bauknecht weiß, was Frauen wünschen", behauptet ein Waschmaschinenhersteller 1954, als das schöne Geschlecht seine Aufgabe noch überwiegend im Haushalt sucht. „Warum denn gleich in die Luft gehen?" fragt das HB-Männchen „Bruno" 1957 und steckt sich zur Beruhigung erst mal eine Zigarette ins Gesicht, denn Lungenkrebsängste liegen noch fern. „Er läuft und läuft und läuft", wirbt 1963 Volkswagen für den „Käfer", denn damals ist Dauerhaftigkeit noch wichtiger als Leistung, Luxus und die Linien des Designs. 1964 empfiehlt Esso ganz ohne CO_2-Skrupel „Pack den Tiger in den Tank". Seither geben die Werbeagenturen immer mehr Gas, bis der Elektronikhändler „Saturn" 2002 wie zum Hohn der kirchlichen Todsündenlehre sogar ein neues Gebot verkündet: „Geiz ist geil!"

Seit dem ALDI-Urknall wandeln sich die Welt, das Land, die Gesellschaft und das Warenangebot gründlicher als je zuvor. Die Menschheit mehrt sich von 2,3 auf knapp sieben Milliarden. Das deutsche Durchschnittseinkommen steigt um das 14-fache. Die Bundesrepublikaner essen ein Drittel weniger Brot, dreimal so viel Butter und 18-mal so viel Fleisch wie 1946. Die deutsche Mark verliert drei Viertel ihres Wertes und muss am Ende dem Euro weichen. Immer mehr Haushaltsgeräte machen das Leben leichter, immer neue Erfindungen das Wohnen komfortabler: 1951 kommt der Staubsauger, 1952 die Schrankwand, 1953 das Schlafzimmer mit Einbauschrank, 1954 der Nierentisch, 1955 die Hausbar im Wohnzimmerschrank, 1956 die Bodenvase, 1957 die Musiktruhe mit Radio und Plattenspieler, 1963 der Teppichboden und 1971 das Wasserbett.

Doch je mehr die Menschen besitzen, desto lauter trommelt die Werbung. „Allen soll es besser gehen!" fordert 1952 eine Ausstellung in Düsseldorf. Abends geht es in die Milchbar, sonntags zur Gartenparty mit Chianti-Wein aus der Korbflasche und Bananen vom Grill. Die Zeitkritik fühlt sich schon bald herausgefordert: Hans Magnus Enzensberger ledert gegen ein „pseudotechnisches Rotwelsch" los, das in dem New Yorker Werbe-Mekka „Madison Avenue" erfunden sei. Das deutsche Proletariat und das deutsche Kleinbürgertum lebten „der Idiotie näher als je zuvor" in „einem Horizont der Waren", findet der Dichter 1960 in seinem Essay „Das Plebiszit der Verbraucher". ALDI ist nicht gemeint, der Discounter liegt damals noch weit unter der Wahrnehmungsschwelle der intellektuellen Konsumverächter, und das bleibt ziemlich lange so. Denn wie schnell und gründlich sich die Zeiten auch ändern mögen, die Firmenphilosophie um das zentrale ALDI-Gebot völliger Zurückgezogenheit vom Marktplatz der Meinungen trotzt dem Wind des Wandels fast so unerschütterlich wie Platos Dialoge.

Die stille Strategie des Discounters steht von Anfang an im Widerspruch zu den Bräuchen der Branche. Schon in den 50er Jahren preisen etwa Markenartikler ihre Produkte in blumigen

Formulierungen an. „Auf dem Weg nach oben, zu einem Lebensstil, den wir uns heute wünschen, und den wir mit Recht erstreben, ist die CONSTRUCTA einer unserer hilfreichsten Freunde“, wirbt ein Waschmaschinenfabrikant. „Sie hat der Familie den ganzen Waschtag aus den Händen genommen. Glücklich begrüßen wir die neu gewonnene Zeit, die wir für schönere und bessere Aufgaben so dringend benötigen.“ Ein Fahrzeughersteller erläutert: „Glückliches Lächeln ist der Ausdruck zufriedener und lebensfroher Menschen. Eine Möglichkeit, es hervorzuzaubern, ist die Anschaffung eines Goggomobil-Coupés als Zweitwagen für die Frau des Hauses. Frauen lieben das Schöne, umso mehr, wenn es sich mit wirtschaftlichen Überlegungen verbinden lässt.“

Der Bremer Autobauer Borgward verspricht Käufern seines Mittelklassewagens „Hansa 1500“ vollmundig, „Herr über Raum und Zeit zu sein“. Ein Konkurrent konzentriert sich auf den Fußballfan: „Nur noch wenige Sekunden, und Deutschland hat den Anstoß“, heißt es in einer Zeitungsanzeige. „Kein Wunder, daß abermals der Wunsch ‚Man sollte dabei sein‘ zu hören ist. Einer von vielen Wünschen, die sich erfüllen mit dem BMW 600.“ Wer sich nur einen Motorroller leisten kann, soll „Vespazieren“. Das beworbene Fabrikat sei „zierlich wie ein Reh“: In ihm „paart sich modische Eleganz mit einer weiteren Verfeinerung der Ausstattung“, und auch die „Schnelligkeit braucht einen Vergleich mit einem Reh nicht zu scheuen.“

Auch prominente Qualitätszeugen bewähren sich schon als Werbehelfer. „Mein Strumpf! rief Miss Germany 1965 Margit Nünke begeistert aus, als sie den ersten deutschen S-T-R-E-T-C-H-Strumpf probierte“, rühmen die Opal-Werke ihren neuen „3D – Das Maschenwunder“, das „in einem Siegeszug ohnegleichen in wenigen Monaten ganz Amerika eroberte.“ Der Produktname will das Prestige der neuen 3D-Filme nutzen, mit denen Kinobesitzer seit 1953 gegen das Fernsehen ankämpfen. Ufa-Star Rudolf Prack beteuert 1959 „aus berufenem Munde“ vor einer Fernseh- und Konzerttruhe vom Typ „Kuba Imperial“: „Wer ununterbrochen mit Film und Fernsehen zu tun hat, erwirbt im Laufe der Zeit so viel Sachkenntnis, daß er sich sehr wohl ein kundiges Urteil erlauben kann."

Der erste Hunger ist gestillt, jetzt geht es um Genuss. Die Pfefferminzplättchen „After Eight" verkaufen sich 1962 als „die feine englische Art". Die Zigarettenmarke „Attica" verkündet 1966: „Es war schon immer etwas teurer, einen besonderen Geschmack zu haben." Das Konkurrenzprodukt „Peter Stuyvesant" verspricht 1968 den „Duft der großen weiten Welt". Bei ALDI nichts von alledem. Auto, Fernseher und auch Waschmaschinen sind erst mal nur für die Gewinner der Konjunktur, der Discounter kümmert sich um die anderen. Um die Verlierer des Aufschwungs, den sprichwörtlichen kleinen Mann auf der Straße, die Hausfrau mit dem schmalen Geldbeutel, die Kriegerwitwe, den Kriegsversehrten an seinen Krücken, die Flüchtlinge und die Heimatvertriebenen, die alles verloren haben und nur schwer wieder auf die Beine kommen.

Es geht um den Alltag, den Existenzkampf, das Überleben. Schnäppchen ja, Schnickschnack nein. „ALDI-Werbung war immer Kunden-Information", so Ex-Manager Brandes in „Konsequent einfach – Die ALDI-Erfolgsstory". „Der Stil von Markenartikelwerbung oder Zigarettenwerbung wurde nicht übernommen, bunte Luftballons und ähnliches gab es nie. Auch eine Werbeagentur hat ALDI nie beschäftigt." Flugblätter entstehen „hand made" in der Verwaltung. Die Texte atmen nüchternen Kaufmannsgeist: „Unsere Qualitätsgarantie macht jeden Einkauf risikolos", heißt es auf einem ALDI-Flyer, „wir nehmen die Ware zurück und erstatten den Preis." Das ist für jeden Kunden ohne Mühe nachvollzieh- und nachprüfbar.

Werbung und Wahrnehmung: „Preiswürdigkeit wird bei uns unter Beweis gestellt", erklärt ein anderer Handzettel, „unsere Preisinformationen enthalten zum Teil über 200 Einzelpreise." Viel unprätentiöser geht's nicht. „Mit dieser Probe wollen wir Ihnen die Möglichkeit geben, die Qualität unserer Artikel selbst zu beurteilen", erläutert ein Flugblatt, „ohne jede Kaufbeeinflussung. Am Probiertisch wird der Artikel daher nicht verkauft." Trockener lässt sich Lockung kaum formulieren, doch bei der Kundschaft kommt die spröde Nüchternheit als entwaffnende Ehrlichkeit an.

Etwas lebendiger lesen sich die Texte, wenn ALDI sich gegen unlauteren Wettbewerb wehrt. 1977 behauptet ein neuer Discounter in Zeitungsanzeigen und auf Schaufensterplakaten: „Keiner ist billiger und besser!" Postwendend antwortet ALDI in einer Gegenanzeige: „Wir sind sicher die letzten, die die Leistung eines Mitbewerbers nicht anerkennen würden, nur … aber sehen Sie selbst! Wir jedenfalls fanden auf Anhieb die nachstehend aufgeführten 50 Artikel mit höheren Preisen als in unseren Märkten." Die Liste beginnt mit „500 g Leinsamenschnitten für 1,68, bei ALDI 0,89. 1 Liter Amselfelder 4,13, bei Aldi 3,48 …" Kurz darauf klingelt das Telefon, und der Chef der Konkurrenz entschuldigt sich.

„Wahrheit und Fairness waren immer Grundsätze der ALDI-Werbung", schließt Brandes. „Vermutlich hat der Verbraucher das auch honoriert." Doch Untersuchungen darüber stellt ALDI nie: Wie die Werbung fristet auch die Marktforschung bei dem Discounter ein eher stiefmütterliches Dasein. Der große Verleger Axel Springer lässt seine Chefredakteure in den sechziger Jahren Straßenbahn fahren, damit sie dem Volk aufs Maul schauen. Genauso orientiert sich auch ALDI allein an seinen Kunden.

Scharf beobachtet werden die Wettbewerber: „Unsere Preisinformationen sind so gestaltet, dass sie nicht nur eine Hilfe für den Preisvergleich sind, sondern auch die Mengenbezeichnung erleichtern", schreibt ein ALDI-Flugblatt diplomatisch. „Mit einem Punkt und der Mengenangabe vor der Artikelbezeichnung weisen wir darauf hin, dass diese Artikel vielfach auch in anderen Mengen angeboten werden. Optisch sind die Unterschiede oft nur schwer oder gar nicht wahrzunehmen. Besser ist daher, bei diesen Artikeln nicht auf den Preis allein, sondern auch auf die Mengenangabe zu schauen …"

Ein Schuft, wer Böses dabei denkt! Schnöde Verkaufstricks mit Preis-Menge-Verschleierung sind bei ALDI tabu. Das finden selbst Werbeprofis klasse: „Wenn ich in einem Supermarkt einkaufe, muss ich an der Kasse immer heulen, weil ich genau weiß, dass ich den ganzen Kram bei ALDI für die Hälfte gekriegt hätte", gesteht der Artdirector Uwe C. Beyer aus der Werbehauptstadt Hamburg. „Und wenn ich in anderen Geschäften einkaufe, kriege ich immer die Auswahlkrise. Bei ALDI gibt es dagegen, etwa beim Kaffee oder beim Käse, nur ganz wenige Sorten. Dann gibt es eine wahnsinnige Qualitätskontrolle, und alles ist immer brandfrisch, weil die Leute kaufen wie die Blöden. Neulich habe ich mir dort einen wunderschönen Fön gekauft, der hat eine Power, dass es einem schier den Kopf wegbläst. Der ist auch schon mal ins Klo gefallen und nicht kaputtgegangen."

Zum kargen Informationswesen bei ALDI gehört auch, dass die Mitarbeiter grundsätzlich nur über das informiert werden, was sie an ihrem Arbeitsbereich unmittelbar betrifft. Das entspricht zwar nicht den modernen Anforderungen an Mitwirkung und Motivation, wohl aber der ALDI-Kultur. Der Discounter verhindert damit, dass Konkurrenz und Presse zu viel über ALDI ausspionieren können.

Besser funktioniert es andersrum: Das Phänomen ALDI wird seit vielen Jahren in zahllosen Presseartikeln beschrieben. Marktforschungsinstitute, Markenartikelhersteller und auch die Konkurrenz versuchen immer wieder, durch Imagestudien oder aus Untersuchungen etwas über den blauen Riesen herauszufinden. Vergeblich. Doch bis heute bleibt alles Spekulation – für ALDI nützlich, denn aus solchen Studien, die den Brüdern von Lieferanten zugespielt oder in der Fachpresse diskutiert wurden, ließ sich einiges über den eigenen Absatzmarkt, die Kunden oder über die Einschätzungen von Lieferanten und Mitbewerbern erfahren, und das auch noch kostenlos.

O süße Kunst des Schweigens! Wenn sich einer der Brüder doch einmal vernehmen lässt, dann höchstens wie Theo Albrecht 1984 in der Zeitschrift „Capital" mit einem knappen „Die Unternehmen der Aldi-Gruppe sind nicht zur Publizität verpflichtet." Das bezieht sich zwar auf die Konzernbilanz, gilt aber auch für alle anderen Fragen. Besonders anschaulich beschreibt Hannes Hintermeier in „Die Aldi-Welt" die Suche nach einer Lücke in der „Albrechtsche Schweigewolke": Anrufer im Nordreich werden bereits von der Dame in der Zentrale abgewiesen. Pressestelle? „Gibt es nicht." – „Ich hätte aber gern ein paar Auskünfte." – „Gibt es bei Aldi keine." – „Ja, wieso denn nicht?" – „Die Herren möchten das nicht. – Eine Etage weiter, im Sekretariat, verschärft sich der Ton (der in der Zentrale neutral bis freundlich war). Die dortige Dame, jünger und ehrgeiziger, schnarrt routiniert: „Es gibt keine Presse- und Öffentlichkeitsarbeit." Telefonisch schon gar nicht. Ein Fax könne man schicken. Mit schriftlichen Fragen. Ende der Durchsage. Ein Fax wurde geschickt. Einige Tage später kam ein Brief. Absender Theo Albrecht sen., Mitglied des Verwaltungsrates der ALDI GmbH & Co KG. „Wie Sie schon wissen", schreibt der Seniorchef, „veröffentlichen wir über unser Unternehmen keine Daten und machen auch sonst keine Angaben. Aus grundsätzlichen Erwägungen kann ich in Ihrem Fall auch nicht davon abweichen." Die alte Postleitzahl 4300 für Essen ist mit Schreibmaschine ausgeixt und durch die neue, seit Juli 1993 gültige ersetzt.

Hintermeiers Erlebnisbericht zeigt: ALDI spart nicht nur bei den Informationen. Erst recht verpönt ist persönliche Publicity. Eigentümer oder Manager von Autowerken, Fluglinien, Textilfirmen, Banken oder Baukonzernen nutzen zuweilen ihren Bekanntheitsgrad, um öffentliches Interesse auf ihre Unternehmen zu lenken. Deutschlands größte Discounter dagegen schotten sich und die Ihren systematisch ab. „ALDI vertritt die Meinung, dass die meisten Äußerungen und Interviews der Selbstdarstellung oder der Befriedigung der Eitelkeit dienen", schreibt Brandes. „Und wenn Unternehmen beispielsweise über ihre organisatorischen Lösungen, Umsatzsteigerungen, besonders hohe Personalproduktivität und entsprechend geringe Kosten berichten, hilft dies im Wesentlichen nur der Konkurrenz."

Prompt ächzt das am Privaten stets besonders interessierte US-Wirtschaftsmagazin „Forbes": „Die Albrechts leben zurückgezogener als der Yeti." Klatsch, Skandale, Homestorys gar? Fehlanzeige. In allen Archiven ist Ruh. Ausnahmen: Nachwuchs besonderer Art bei Theo Albrechts Sohn Berthold. „3 Mädchen – Ein Junge: Aldi-Vierlinge sind da!" meldet Deutschlands größte Zeitung in den größten Buchstaben. Der Kindersegen sei Folge einer Hormonbehandlung, durch Kaiserschnitt auf die Welt und erst mal in den Brutkasten gekommen. Respekt vor dieser Recherche! Das muss erst mal einer herausfinden. Die Familie bleibt der ALDI-Nachrichtenpolitik treu, die Haushälterin tritt aus der Tür und meldet: „Ich darf ausrichten, dass es allen gut geht." Nur Firmenchef Theo Albrecht selbst tanzt im Überschwang einmal doch aus der Reihe: „Ich bin der glücklichste Großvater der Welt."

Schon bei der Hochzeit des Juniorchefs mit Andrea Hildegard Schönbohm am 18. September 1985 um 14.30 Uhr vor der Abtei Werden ist „Bild" dabei: „Er im schwarzen Anzug mit weißer Nelke, sie in einem Traum aus Seide und Spitze. Wie Sterne in der Nacht funkelten auf dem bodenlangen, weiten Kleid mit tiefem Spitzenrückendekolletèe Strasssteinchen. Der Blumenstrauß aus rosa Rosen und weißem Schleierkraut." So viel Klatsch muss sein. Die Reporter dürfen aber nur gucken, nicht fragen.

Die Braut, eine „attraktive Blondine" aus Köln, kennt den Bräutigam seit dreieinhalb Jahren. Nachbarn in Essen schildern sie als „Frohnatur". Nach der Trauung Empfang in der Albrecht'schen Villa an der Westerwaldstraße, abends Feier im Schloss Hugenpoet, einst Königsgut Karls des Großen. Über Karl Albrecht ist immerhin aus zweiter Hand zu erfahren, dass Orchideenzucht als „kontemplatives Hobby" die „Versenkung in die Rätsel der Natur" gestatte und der Golfspieler das „nicht ganz so berauschende Handicap 13" habe. Sein Sohn Karl jr. sei promovierter Jurist und habe das Diskontieren in Ebersberg östlich von München erlernt.

„Dort unterhält Aldi ein großes Auslieferungslager", berichtet Hintermeier. „Dr. Karl wurde beobachtet, wie er an windstillen Tagen auf das Flachdach stieg, um über den Luftschächten ein Blatt Papier fallen zu lassen. Bekam das Blatt Auftrieb, war dies als Anzeichen von entweichender warmer Luft ist gleich Energie ist gleich Geld zu werten. Selbst wenn die Anekdote übertrieben sein sollte, so ist sie wenigstens gut erfunden." Und weil auch diese ALDI-typische Sparpotenzialsuchaktion sich über die Preise letztlich vor allem für die Kundschaft auszahlt, sind solche Pointen die beste Reklame.

ALDI 7

Kisten und Kassen

Die Herren sind gut bei Stimme: „Hoch auf dem gelben Wagen“, „Ein Heller und ein Batzen“, „Bergvagabunden sind wir“. Sie nennen sich die „zwölf Apostel“, heben volle Humpen und steuern bald den Höhepunkt des Abends an: „Prost Prost, meine Herren, Prost Prost, meine Herren, wir wollen uns einen verlöten! Hell die Gläser klingen, ein stolzes Lied wir singen. Madel, schenk mir ein, es lebe der Verein, leb wohl, auf Wiedersehen!“

Das launige Liedgut wahrt die vom Gastgeber besonders geschätzte Tradition urdeutscher Gemütlichkeit indes nur mit deutlichen Einschränkungen, denn die Sänger sind keineswegs gut gelaunte Herumtreiber der Herzen, sondern leitende Angestellte bei ALDI-Nord. Mädel gibt es nicht, und die Gläser sind vor allem deshalb immer voll, weil sich keiner so recht zu trinken traut. Auch singt der Chor „keineswegs aus Übermut“, wie Eberhard Fedtke in seinen „ALDI Geschichten“ schildert: Der kollektive Klang der Kehlen ist „feste Übung, ein traditionelles Ritual des Zusammenseins nach Tisch.“

Fedtke weiß, wovon er schreibt: Als einer der zwölf ALDI-Geschäftsführer war er oft genug dabei. „Nach drei anstrengenden Sitzungstagen bedurfte jeder eines Abspanns“, berichtet er. „Man saß zum gemeinsamen Abschlussessen zusammen. Langsam verlor sich die fahle und eintönige Stimmung. Einer wagte einen Witz oder gab eine Anekdote zum Besten. Zumeist wurde über Fußball gesprochen, stammtischartig über abgewetzte Fußballweisheiten. Jetzt war Gelegenheit, die Schwere des Sitzungsmarathons aufzulösen.“

Nach dem Essen, so Fedtke weiter, „stimmte einer ein Lied an“: Der „baritonbewehrte Chef des Zentraleinkaufs“ findet den rechten Ton, auch der Chef summt ein bisschen mit: „Theo Albrecht dürfte die Lieder aus seiner Rekrutenzeit oder von der Pfarrjugend

Schonnebeck gekannt haben", vermutet Fedtke. „Ihn vergnügte es, das Rückgrat seines Imperiums vereint und lyrisch gestimmt zusammensitzen zu sehen."

Die Hierarchie des Handelsriesen ist leicht überschaubar: Der Eigentümer bildet mit zwei Vertrauten den Verwaltungsrat als oberstes Gremium. Auf der nächsten Ebene lenken eine Familienstiftung, der zentrale Einkauf und die Geschäftsführung den Konzern. Die Geschäftsführer steuern Lager, Fuhrpark, Anmietung, Personal und die Verkaufsleiter. Die Verkaufsleiter kontrollieren die Bezirksleiter, die Bezirksleiter die Filialleiter und die Filialleiter die Angestellten.

Die Aufgaben sind auf allen Ebenen anspruchsvoll. Die Erfüllung garantiert ein sorgfältiges Auswahlsystem. „Bei Aldi wurden damals nahezu keine Hauptschüler eingestellt", schreibt Marius Lichtenberg in seinem Erinnerungsbuch „Fünf Jahre ‚Wahnsinn' Aldi". Stattdessen bewerben sich „Studienabbrecher, Abiturienten, sehr viele Realschüler, Abi-Abbrecher …" Den Kandidaten wird ausdrücklich gesagt, dass auf der Berufsschule „Zweier Normalität und Einser wünschenswert" seien, wenn man übernommen werden wolle. Kein Wunder also, dass ALDI die Elite-Azubis im Einzelhandel hat, die regelmäßig von der IHK als die Besten geehrt werden.

Die Messlatte liegt hoch, die Hemmschwelle der Vorgesetzten für anerkennende Worte ist kaum niedriger: „Lob gibt es äußerst selten", berichtet Muster-Azubi Lichtenberg, der es in Rekordzeit zum Filialleiter bringt, „ich selbst erhielt es während meiner Ausbildung nur auf Nachfrage und auch dann nur sehr dezent und spärlich." Als der hoffnungsvolle Nachwuchsverkäufer in den ersten Tests eine Drei und eine Eins schafft, sagt sein Bereichsleiter, die Drei sei hoffentlich nur ein Ausrutscher – die Eins erwähnt er nicht. Die Anforderungen beschränken sich nicht auf das Fachliche: In der Zentrale herrscht Anzugpflicht. Man hatte sich auch täglich zu rasieren: „Beobachten Sie einmal, wie viele männliche Mitarbeiter schulterlange Haare haben und unrasiert sind. Sie werden niemanden finden."

Schon als Azubi merkt Lichtenberg: „Aldi ist durchorganisiert, hat klare Richtlinien und Vorgaben, das hat mich immer begeistert." Laufende Steigerung des Niveaus inbegriffen: „Mit der Zeit lernte ich, dass es bei Aldi niemals vorkommen wird, dass ein Verkaufsleiter oder die Geschäftsführer in eine Filiale kommen und sagen, es war alles super, auch wenn es tatsächlich so war." Denn es sei klar, „dass man immer besser werden, die Ziele immer höher stecken kann. Dies ist bei der Firma Philosophie, es gibt keinen Stillstand."

Lichtenberg kennt aber auch die Schattenseiten, erlebt einen faulen Filialleiter, eine diebische Kassiererin, intrigante Kollegen, ungerechte Chefs und einmal auch eine ungewöhnlich hohe Fluktuation: „In meiner Zeit nach der Ausbildung sind über zehn Bereichsleiter gegangen worden, die Gesellschaft hat in weniger als zweieinhalb Jahren zwei Drittel der Bereichsleiter ausgetauscht" – offenbar mit zufriedenstellenden Abfindungen. Denn, so der Experte: „Aldi genießt einen sehr guten Ruf, vor allem auch deshalb, weil die Firma diese negativen Vorfälle deutlich cleverer vertuscht als andere, auch wenn es jede Menge Geld kostet."

Kisten und Kassen: „Der Druck auf das Personal ist erheblich, wenn auch nicht sichtbar", urteilen Reiner Mihr und Markus Oess in ihrer Expertise „Verkaufsmaschine Aldi – Der Triumph des Schlichten". Im Gegenzug wird bei Albrechts „für Handelsverhältnisse beinahe fürstlich entlohnt." Theo Albrecht wird zu den branchenweit einmaligen 30 Prozent über Tarif mit der Behauptung zitiert: „Dafür bekomme ich das Doppelte an Leistung." Kenner schätzen die Personalkosten bei Aldi auf zwei bis drei Prozent vom Umsatz, ein gewöhnlicher Supermarkt muss mit dem Vier- bis Fünffachen rechnen.

Harte Arbeit, starker Lohn: „Aldi-Angestellte, die in ihren graublauen Kitteln nicht nur kassieren, sondern auch Kartons aufreißen und auspacken müssen, gelten als unterste Kaste des Einzelhandels", berichtet Jürgen Steinhoff aus der „stern.de"-Wirtschaftsredaktion im Dezember 2002 in der Reportage „Aldi: Hinter den Kulissen des Discounters". Doch „in Wahrheit sind sie die Königinnen: Eine Aldi-Vollzeitkraft verdient 2400 Euro im Monat. Das ist ein Spitzengehalt im Einzelhandel."

Geld ist nicht alles: „Früher litten diese Frauen wegen schweren Hebens an Unterleibs- und Rückenerkrankungen", schreibt Steinhoff weiter. „Auf Betreiben von Aldi sind deshalb rückenfreundliche Hubwagen konstruiert worden. Mit denen kann man die Paletten nicht nur mühelos durch den Laden befördern, man kann sie auch beim Abpacken bis 70 Zentimeter hochfahren, also immer aufrecht stehend arbeiten: weniger Kosten durch weniger Krankheit und zügigeres Arbeiten."

ALDIs Herz schlägt also nicht nur an der Kasse, dort jedoch besonders schnell: „Die Kassiererinnen bei Aldi gelten als die härtesten Arbeitstiere des Einzelhandels", meint Steinhoff. „Kein Kunde schafft es, seine Waren so schnell vom Band in den Einkaufswagen zurückzulegen, wie die Kassiererin ihm mit einer fordernd geöffneten Hand den Kassenbon präsentiert."

Der Hamburger Artdirector Uwe Beyer hat es immer wieder versucht: „Für mich ist es eine große Kunst, beim Einpacken schneller zu sein als die Kassiererin", sagt er. „Es ist mir aber noch nie gelungen, obwohl ich alles fast schon mehr schmeiße als lege." Zuweilen fordern fröhliche Typen die schnellen Damen zu Wettrennen ganz eigener Art heraus: Einmal sieht Beyer zwei Bauarbeiter, die sich fünf Paletten Hansapils geschnappt haben. An der Kasse schaffen beide je fünf Dosen, „weil sie die immer auf ex gekippt haben."

„Vor Jahren mussten die Aldi-Kassiererinnen sämtliche Preise im Kopf haben", schreibt Steinhoff. Bei Karl Albrecht im Süden waren das 600, bei Theo Albrecht im Norden 750. Ein Riesenproblem, vor allem, wenn sich die Preise ändern. Abhilfe schafft erst eine typische Albrecht-Idee: Statt der Preise büffeln die fixen Frauen für jeden Artikel einen dreistelligen Nummerncode, und das Problem ist vom Kassentisch.

Ex-Manager Dieter Brandes rühmt seine früheren Zahl-Zauberinnen als die „schnellsten Kassiererinnen der Welt" – so flink, dass selbst die moderne Technik lange Zeit eher hinderlich scheint:

Scannerkassen, an denen auch Frauen mit schwachen Gedächtnisleistungen eingesetzt werden konnten, kommen für die ALDIs anfangs gar nicht in Frage, denn das ständige Herumdrehen der Artikel auf dem Strichcode hätte das Kassieren zu stark verlangsamt. Doch bald hätten die Brüder, so Steinhoff, „mit ihrer geballten Nachfragemacht" darum „gebeten", Strichcodes nicht nur auf die Vorder-, sondern auch auf die Rückseite der Verpackungen zu drucken, möglichst auch auf die Seiten. Die Industrie erfüllt die Bitte, und alle sind zufrieden.

Zuweilen gerät Aldianern der Verkaufseifer auch mal außer Kontrolle. Als Theo Albrecht vor Jahren in einem neu eröffneten Laden in Niebüll nahe der Nordsee eine aufgerissene Packung Schokoriegel – drei Stück für 98 Pfennig – entdeckt, nimmt er einen heraus und legt ihn auf das Transportband. Was das wohl koste? Die Kassiererin, durch den hohen Besuch nervös geworden, sagt: 50 Pfennig. Wieso? will Albrecht wissen. „Im Zweifel immer zugunsten der Firma", antwortet die Kassiererin und wird freundlich, aber auch ausführlich eines Besseren belehrt. Auch wenn sie 98 Pfennige nicht durch drei teilen könne: Entscheidend sei nicht der Profit, sondern das faire Verhalten gegenüber der Kundschaft.

Besonders gut durchdacht ist das System an der Laderampe: „Die Kapitäne der Aldi-Sattelschlepper fahren nach genauestens ausgetüftelten Fahrplänen", hat „stern"-Steinhoff beobachtet. „Früh mit dem Berufsverkehr rücken sie in die Städte vor. Schwierig anzufahrende Filialen werden von zwei Sattelschleppern angesteuert. Ist die Filiale erreicht, blockiert der hintere den Verkehr, damit der Vordermann unbedrängt zurücksetzen kann. Das Rücksetzen besteht nicht aus einem nervtötenden Rückwärts-vorwärts-rückwärts-Gewürge wie bei anderen Lastern: Der Aldi-Fahrer benötigt einen einzigen Versuch." Wo möglich, ist die Anfahrt so tief gelegt, dass die Palette mit dem Hubwagen ruckzuck von der Ladefläche ins Lager oder direkt in den Laden gerollt werden kann.

Der ALDI-Filialleiter hat im Durchschnitt 3,3 Mitarbeiter, trägt einen weißen Kittel und verdient rund 4000 Euro. Ein Teil sind Leistungsprämien; sie halten den Krankenstand flach. ALDI kennt

33 Prämienarten. Der Bezirksleiter beaufsichtigt sechs bis acht Filialen, bekommt etwa 6500 Euro und fährt einen Dienstwagen der Mittelklasse. Sein Chef, der Verkaufsleiter, arbeitet in einem der 65 Zentrallager, ist für sechs bis acht Bezirke verantwortlich und hat 11.000 Euro – so viel wie ein Richter am Europäischen Gerichtshof in Luxemburg.

Gespart wird an anderer Stelle. Telefone für die Filialen gelten erst mit Installation der Datenkassen als sinnvoll. Die Pausenräume für das Personal sind spartanisch eingerichtet. Für leitende Mitarbeiter gilt: Auto Mittel- bis Unterklasse, keine Sonderlackierung, keine verzichtbaren Extras. Reisen nur zweite Klasse. Hotels mittlere Kategorie. Bewirtungsspesen sind untersagt, Einladungen von Geschäftspartnern dürfen nicht angenommen werden.

Besucher erhalten die „ALDI-Zwei-Sterne-Bewirtung“: Kaffee plus Gebäck. Karl und Theo Albrecht schicken Jahrzehnte lang jedes Werbegeschenk zurück, grundsätzlich mit einem sehr höflichen Dankesschreiben. Jeder Füllhalter, jede Aktentasche, jedes noch so nützliche Utensil fürs Büro oder den Privatbereich gehen retour, sei der Spender auch noch so verstimmt. Einzige Ausnahme: Jahreskalender. Denn bei dieser leicht verderblichen Ware sind die Verfallzeiten so kurz, dass sie, würde man sie zurückschicken, nicht mehr für eine andere Verwendung in Frage kämen. Und das wäre dann wieder Verschwendung. Die Brüder Albrecht hassen Verschwendung bei anderen ebenso wie bei sich selbst.

An Mitarbeiter wird grundsätzlich nichts verteilt. Der Kodex duldet keine Kompromisse. Als ein Geschäftsführer zur Hochzeit seiner Tochter auch Theo und Cilly Albrecht einlädt, findet er sich rasch auf dünnem Eis. Denn, so Fedtke: „Die Lieferanten defilierten mit Schachteln und Tabletts voller Geschenke herein. Es häufte sich auf den Tischen, je mehr Geschäftspartner erschienen. Theo und Cilly trauten ihren Augen nicht. Die Präsente waren eine Augenweide: Auserlesenes, was sich türmte und was Theo und Cilly sich nie würden leisten wollen, aus ihrer exemplarischen Anspruchslosigkeit heraus, und auch deshalb, weil sich dieser Pomp zum Image ihres Unternehmens wie Feuer zu Wasser verhielt.“

Theo Albrecht verzieht keine Miene, trotz des, so Fedtke, „bitteren Affronts gegen ihn, seinen Betrieb, seine lautere Geschäftsphilosophie, seine unverdächtige Preispolitik, seine sensible Marge, seinen sauberen kaufmännischen Wertekanon. Höflich lächeln er und Cilly ihre Anwesenheit zu Ende." Am nächsten Tag aber wird das Arbeitsverhältnis des entgleisten Geschäftsführers aufgelöst, „nach eindringlicher und mit einfachen Worten vorgetragener Kritikansprache."

Im Einzelhandelsjargon heißt so etwas „Edeka" – „Ende der Karriere". Persönliche Sparsamkeit ist ein besonders wichtiger Faktor im Unternehmensprofil. Theo Albrecht lebt sie seinen Spitzenmanagern täglich vor, etwa wenn er Klarsichthüllen zur Wiederverwendung entleert, Bleistifte von zwei Seiten anspitzt, auf der Handwerkerrechnung die Anfahrt streicht oder herzhaft in die von zu Hause mitgebrachte Klappstulle beißt. Auf Geschäftsführertagungen rechnet der Chef zuweilen aus, wie viel Kalorien ein Butterbrötchen hat, wenn man darauf auch noch Honig streicht.

Sparsam ist bei ALDI auch der Umgang mit Sprache: Einfach, direkt und alltagsverständlich ist sie, frei von modischem Unternehmensvokabular, Fremdwörtern und systemthematischen Begriffsabstraktionen aus den Lehrbüchern der Betriebswirtschaft. Das einfache und klare Kaufmannsdeutsch versteht bei ALDI jeder. Worte wie Merchandising, Retail, Win Win, Sozioökonomie, Hedge oder New Economy sind verpönt. Die einzige Ausnahme gestattet sich Theo Albrecht selbst: Wenn ihm die Vorrede zu lange dauert, ermuntert er die Runde gern mit einem „Lassen Sie uns im medias res gehen".

Nicht der ALDI-immanenten Sparsamkeit geschuldet ist dagegen Theo Albrechts Entscheidung, seine Niederlassungen nachts immer nur von jeweils einem einzigen Hund bewachen zulassen: Zwei Tiere würden, so erklärt er seinen Geschäftsführern, einander ablenken und könnten deshalb nicht die notwendige Aufmerksamkeit garantieren.

Seinen Filialleitern lässt der Chef die bebilderte Ansicht eines Musterschreibtisches zugehen. Detaillierte Anweisungen schreiben vor, was wo auf der Platte oder in den einzelnen Schubladen zu liegen habe, wie die Formulare und Hängeregister zu ordnen seien und was auf der Wandfläche vor dem Schreibtisch zu sehen sein müsse. Findet eine Kontrolle Verstöße vor, trifft der Rüffel über Bezirks- und Verkaufsleiter auch noch den Geschäftsführer.

Viel Ungewöhnliches findet indes eine plausible Erklärung durch das Phänomen der großen Zahl: Ob Kosten oder Einsparpotenziale, bei ALDI geht es immer gleich um viele Millionen. Als ALDI in den 70er Jahren den portugiesischen Weinmarkt prüft, sind die Iberer so lange begeistert, bis eine erste Hochrechnung ungläubiges Staunen und dann ziemliche Fassungslosigkeit auslöst: Wenn jede der damals 700 ALDI-Filialen täglich nur 50 Flaschen absetzt, müssen die Winzer von der Atlantikküste jedes Jahr 10,8 Millionen Flaschen liefern, Fracht für zehn Sattelschlepper im Dauereinsatz – kein Produzent kann solche Mengen garantieren. 30 Jahre später klappte es dann aber doch noch, auf kurzem Wege: 2006 kommt der Discounter selbst nach Portugal, und heute gibt es den Wein dort in 26 ALDI-Filialen.

ALDI 8

Käufer und Kunden

Auf Reklamationen reagiert ALDI mit routinierter Kulanz: Ist der Käufer mit einem Artikel nicht zufrieden, nimmt der Filialleiter die Ware anstandslos zurück. „ALDI will seine Kunden niemals enttäuschen", sagt Ex-Manager Dieter Brandes. „ALDI will glaubwürdig und zuverlässig sein. Und weil das über Jahrzehnte gelungen ist, vertrauen die Konsumenten ihrem Händler blind. ALDI ist der verlässliche Partner, der niemanden über den Tisch ziehen will."

Und umgekehrt? ALDI-Angestellte finden sich zuweilen in einer Grauzone zwischen unberechtigter Beschwerde, verdächtiger Forderung, trickreicher Täuschung und betrügerischer Pression. So simpel die Ware, so bizarr manchmal die Behauptung. Nach dem Genuss einer angeblich verdorbenen Reis-Fleisch-Konserve etwa klagt ein Kunde, habe er eine ganze Woche lang nicht nur krank gelegen, sondern auch seinen ehelichen Verpflichtungen nicht nachkommen können.

Wie bitte? Ist das ein schlechter Scherz, beschwert sich da ein Spinner, droht womöglich ein peinlicher Prozess? Der Filialleiter ist alarmiert, auch der Bezirksleiter wagt keine Lösung auf eigene Faust. Was ist in diesem Fall angemessen? „Bei ALDI wird, worauf das Unternehmen das exklusive Urheberrecht besitzt, alles und jedes ausnahmslos umgetauscht", erklärt Eberhardt Fedtke, der den Reisfall in seiner Zeit als ALDI-Geschäftsführer selbst bearbeitet hat. „Jede angequetschte Tomate, jede Laufmaschine und jeder Luftzieher in der Vakuumverpackung findet verständnisvolle Beachtung. Filialmitarbeiter dürfen unter keinen Umständen Einwände erheben oder gar den Umtausch ablehnen, und ist die Sache noch so durchsichtig und anrüchig."

Lediglich Verdachtsfälle allzu kecker Lumperei prüft der Bezirksleiter. Das Prinzip funktioniert, denn, so Fedtke: „ALDI-Kunden versuchen erfreulich selten unredliche Umtauschaktionen, holen sich kaum eine kostenlose zweite Ware oder einen Zuschlag. Das spricht für ein gefestigtes und vertrauensvolles Miteinander von Unternehmen und Kundschaft."

Und es spricht auch für die Gültigkeit einer idealistischen Unternehmensphilosophie auch in Zeiten schwindender Moral: Ohne jede Naivität glauben Karl und Theo Albrecht unerschütterlich an das Gute – und an die soziale Aufgabe, den Verlierern der Ellenbogengesellschaft einen Tisch zu decken, an dem sie für kleines Geld satt werden.

Von der Lauf- zur Stammkundschaft: ALDI spielt fair und die Menschen merken das. Für Deutschlands erfolgreichste Discounter ist schon die Kalkulation Vertrauenssache. „Man ist nur allzu leicht geneigt, einen Preis, auch wenn er im Einkauf gefallen ist, weiter laufen zu lassen", sagt Karl Albrecht schon 1953 in seinem bis heute fleißig gelesenen und auch zitierten Grundsatzreferat. „Das würde sich allerdings unangenehm rächen. Denn das, was man erreichen muss, ist, dass der Kunde den Glauben gewinnt, nirgendwo billiger einkaufen zu können. Hat man das erst einmal erreicht, und ich glaube, dass das bei uns der Fall ist, so nimmt der Kunde alles in Kauf. Er richtet sich sogar nach den besten Einkaufszeiten."

Und er packt selbst mit an, weil es ja ums Sparen, um sein eigenes Geld geht. In anderen Lädchen schichtet das Personal die Ware möglichst präsentabel in die Regale, bei ALDI bleiben die Konserven in den Kisten, und der Käufer greift beherzt hinein. Weil er die Kartons gern dazu verwendet, Einkäufe bequem nach Hause zu transportieren, spart ALDI auch noch die Entsorgung – für Fedtke ein „wegweisendes Aufräum- und Abfallmanagement, schnörkellos und wirkungsvoll". Inzwischen ist das radikale, effiziente und umweltfreundliche Schlichtheitsprinzip zwar verlorengegangen, doch Ruf und Ruhm der frühen Jahre klingen in den Köpfen der Kunden bis heute nach. Experten staunen darüber, dass der Verzicht auf Service und Kaufkomfort die Bindung an ALDI nicht stört, sondern stärkt.

Jahrzehntelang lautet die Preis-Frage bei ALDI: Wie kommt man mit dem Existenzminimum am besten über die Runden? Unverzichtbar sind Brot, Margarine, Konfitüre, Milch, Mehl, Kartoffeln, Nudeln, Gemüse, Suppenwürfel, Seife und Toilettenpapier. Sind sie besonders billig, können sich auch Mindestbemittelte den täglichen Notbedarf leisten.

Diese soziale Funktion ausgleichender Geschäftigkeit erfüllt ALDI besonders in den Zeiten des allgemeinen Wandels vom Sein zum Schein: Auch im Lebensmittelhandel geht es bald nicht mehr um nüchterne Fakten wie Preis und Leistung, sondern immer stärker um Form und Fassade. Denn schon seit den 60er Jahren treibt die wachsende Konkurrenz neuer Produkte die Ausgaben für Dekoration und Reklame immer weiter in die Höhe. Die Fernsehwerbung beschleunigt den Siegeszug der Markenartikel. Zugleich dokumentiert sie die Sitten und Moralvorstellungen der Zeit: „Mit dem Wirtschaftsaufschwung der 50er und 60er Jahre erlebte auch die Werbung einen neuen Boom, wenn auch keinen kreativen", schreiben die Designerinnen Henriette Heinke und Jana Pihan in ihrer „Geschichte der Fernsehwerbung", denn „fast jeder Spot arbeitete mit Stereotypen und Klischees." Aus heutiger Sicht wirkt die Werbung der frühen Jahre naiv: Der Mann als Herr des Hauses, der Frau als Heimchen am Herd. Dazu kommt, so die Expertinnen, „eine gewisse Biederkeit, Trockenheit und Emotionslosigkeit": 1956 lässt der Werbespot eines Parfümherstellers einen Kinderchor geschlagene drei Minuten lang das Weihnachtslied „Freue dich, das Christkind kommt bald" singen, bis „ein Sprecher in gemächlichem Ton an Geselligkeit appelliert und christliche Werte zu vermitteln versucht." 1960 schickt ein Waschmittelhersteller einen „Reporter" zu Hausfrauen, die ihm klagen, dass ihre Wäsche immer stark verschmutzt sei, da sie im Ruhrgebiet wohnten. 1972 registriert die „Süddeutsche Zeitung" einen „Aufschrei", als das Fotomodell Gaby Heier erstmals textilfrei durch einen TV-Spot kurvt.

„Ich habe mir überhaupt keine Gedanken über Moral gemacht", sagt sie später. Bei ALDI ist es umgekehrt, die Unternehmer halten sehr auf Anstand und gar nichts von der schönen neue Werbewelt. Genauso denken ihre Kunden: Sie wissen ganz genau, dass sie selbst es sein würden, die einen großen Reklamerummel bezahlen müssten. Der Discounter geht einen eigenen Weg, und immer mehr Kunden gehen mit. In ihrem Buch „Verkaufsmaschine Aldi – Der Triumph des Schlichten" listen Reiner Mihr und Markus Oess die Stationen auf:

Anfangs operiert ALDI nach dem simplen Marketingprinzip „less for less", weniger Geld für weniger Qualität und Service, und kann sich so von den übrigen Vertriebsformen abheben. Zu jener Zeit sind Markenartikel unangefochten marktbestimmend und werden nach dem Motto „more für more" verkauft. Die Preisbindung sorgt für Ruhe am Markt, Preiskämpfe wie heute finden nicht statt. ALDI konzentriert sich ganz auf Kunden mit niedrigem Einkommen, das Ambiente ist ein „Armbiente".

Doch in den 80er Jahren, so Wolfgang Twardawa, Handelsexperte der Nürnberger „Gesellschaft für Konsumforschung" (GfK), folgt ein Strategiewechsel. Die neue Marschrichtung heißt „less for the same": ALDI verkauft plötzlich Produkte, die sich qualitativ durchaus mit Markenartikeln messen können, zu einem spürbar niedrigeren Preis. Gleichzeitig spricht sich herum, dass ALDI-Artikel etwa bei der Stiftung Warentest immer ganz weit vorn liegen. Und, dass sie von denselben Herstellern stammen wie die teuren Markenartikel. Der Mythos ALDI ist geboren.

„Erst dieser relativ späte Wandel hat Aldi groß gemacht" glaubt Twardawa. Mit dem Aufkommen der Schnäppchenmentalität beginnen die Verbraucher, sich offen zu ALDI zu bekennen. Es wird schick, bei ALDI einzukaufen, und immer mehr Kunden mit hohem Einkommen strömen zum Marktführer.

Heute steckt ALDI in der dritten Phase: Deutschlands Discounter Nr. 1 genießt höchstes Vertrauen und hat sich selbst als Marke etabliert. Folglich heißt die Strategie nun „less for more": Die Preise sind zwar immer noch niedriger als bei der Konkurrenz, die Produkte aber nicht mehr nur gleichwertig, sondern besser. Und die Kunden kaufen nicht mehr nur den Rioja für 2,99 Euro, sondern auch mal einen Gran Reserva für 9.99. ALDI ist nicht mehr nur ein Harddiscounter, sondern inzwischen schon fast ein Nah- und Vollversorger, so wie ehedem der klassische Supermarkt – jedoch zu Discountpreisen.

Im Internet loben ALDI-Fans: ALDI hat das beste Personal, schnell und freundlich. ALDI hat zweimal die Woche die beste Aktionsware Deutschlands, vom Computer bis zur Palme ist alles zu haben. ALDI ist multikulti, hier treffen sich der gehetzte Student, der sparsame Rentner und der Türke von nebenan. ALDIs Kundschaft gleicht einem Querschnitt durch die Bevölkerung. Nur eine Gruppe bleibt draußen: Die durch Vorurteile glänzen – und auf die können wir verzichten!

Das gilt auch für die zweihundert Fußballfreunde, die beim Champions-League-Spiel des FC Bayern München gegen Besiktas Istanbul in der berüchtigten Südkurve den Fans des Gästeteams mit dem Ruf „Geht zu Aldi!“ Plastikbeutel des Discounters entgegenhalten. Einige entrollen ein 15 Meter langes Spruchband mit dem Text „Aldi grüßt seine Kunden“. Der Türken-Ulk liegt auf dem Niveau einschlägiger Witze im Internet: „Wo geht es hier beim Aldi?“ – „Das heißt nicht beim Aldi, sondern zu Aldi.“ – „Was, zu Aldi? Schon so spät?“ Die „taz“ findet die Tüten-Täter nicht schickeriaverdächtig, die Spottutensilien stammen offenbar aus eigenem Einkauf. Doch die Witzbolde haben nicht damit gerechnet, dass politisch-mediale Betroffenheitsprofis den schlappen Scherz sogleich zur Diskriminierung erhöhen. Die türkische „Hürriyet“ will sogar „Rassismus auf der Tribüne“ erkennen und schreibt, die türkischen Zuschauer seien zu „Asozialen“ herabgewürdigt worden. Einige Kritiker sehen gar „Nazi“-Umtriebe.

Die bayerische Vereinsführung erkennt die Gefahr und droht im Wiederholungsfall pflichtschuldig ein Stadionverbot an. Manager Uli Hoeneß erklärt, bei dem Discounter handele es sich um „ein angesehenes deutsches Spitzenunternehmen“. Er kann sich ein Urteil erlauben, seine Nürnberger Bratwurstfabrik ist Großlieferant, und die Geschäfte laufen seit Jahrzehnten immer fair. ALDI-Süd hält den Ball flach und teilt mit, das Unternehmen sei „stolz auf unsere türkischen Kunden". Die Bayern-Fans entschuldigen sich. Als sie nach Dortmund reisen, halten ihnen Anhänger der dortigen Borussia racheheischend Lidl-Tüten entgegen. In Köln skandieren Fans: „Wir kaufen gern bei ALDI!"

„Liegt tatsächlich ein Plastiktütenmissbrauch vor?" fragt Hannes Hintermeier in „Die Aldi-Welt". Denn: „Sinnigerweise haben die deutschen Fans den Türken ja nicht bedeutet, sich nach Anatolien zu verzupfen." Der Autor prophezeit, bald „werden sie sich alle wieder an der Aldi-Kasse treffen, und keiner wird das Maul aufreißen", sondern „stumm und still seinen völkerverbindenden Dauerniedrigpreis entrichten."

Nach den Klassen versöhnt Aldi auch die Nationen: Wie Arm und Reich treffen sich längst auch Germane und Osmane auf dem Rundkurs der Regale. Der Flachs blüht weiter: Wie heißt die Fernsehserie „Gute Zeiten, schlechte Zeiten" auf Türkisch? „Aldi auf, Aldi zu!"

Seit den 90er Jahren ist auch das Image des Discounters erstligareif: „Kein anderer Lebensmittelhändler hat einen so hohen Bekanntheitsgrad, keiner wird in solcher Regelmäßigkeit von drei Vierteln der Bevölkerung aufgesucht", schreibt Hintermeier damals. Längst locken ALDI-Artikel immer mehr Kaufkräftige zu Graved Lachs, Edelsalami, Champagner, Grappa oder Bordeaux. Fedtke findet 2011 manches „vom Feinsten", so etwa den „Alaska-Seelachs und die Seezunge neben der Bouillabaisse und dem Bärlauch. Käse- und Frischgemüsesortiment „sind ausgesucht, letzteres mit dem Charme der Beschränkung wegen der täglichen Saisonfrische": Wer Ware so schnell dreht wie ALDI, dem welkt kein Salat.

Käufer und Kunden: „Aldi hat den Bürgern die Angst und die Scham angesichts des Billigen genommen und mit dem Vorurteil aufgeräumt, dass Billiges immer qualitativ zweifelhaft sein muss", sagt der Nürnberger Marketing-Professor Hermann Diller, Autor des Standardwerks „Preispolitik". Nicht mehr nur die, die rechnen müssen, kommen zu den „Kistenschiebern", sondern auch die, die rechnen können. Auf Jungakademiker trifft gewöhnlich beides zu, die ALDI-Urkonserve „Feuerzauber Texas“ zählt schon in den 70er Jahren zu den Küchen-Klassikern studentischer WGs.

„Was ist denn nur bei Aldi los?“ fragt das „ZEITmagazin“ 1996 sich und seine Leser, „der Laden ist plötzlich nicht mehr peinlich, sondern ein Muss!“ Die Reporter entdecken beim einstigen Unterschichtenversorger plötzlich immer mehr Besserverdienende, die entweder vom Markenwahn die Nase voll haben oder die neue deutsche Bescheidenheit leben. Die „ZEIT“-Zeugen sind Architekt, Diplomingenieur, Manager oder Unternehmensberater. Der Manager kauft bei ALDI Hemden wegen der sehr guten Qualität. Der Unternehmensberater staunt, weil er für einen Hunderter einen kompletten Einkaufswagen füllen kann, und sagt: „Luxus kann sinnvoll sein, wenn man ihn in echte Lebensfreude umsetzen kann, aber mein Toilettenpapier muss keinen Markennamen tragen.“

Während Wirtschaftskrisen und Werbesprüche wie „Geiz ist geil“ eine vielbesungene Verzichtsästhetik fördern, wird ALDI zum Tempel einer neuen Konsumkultur: Sparsamkeit statt Konsumrausch, Kostenbremse statt Loch in der Tasche. Die alten Grundsätze der Albrecht-Anfangsjahre sind plötzlich nicht mehr spießig, sondern cool. Auch der Mittelstand muss das Geld zusammen halten, und die Millionäre machen gerne mit. Zur Jahrtausendwende bringt der Slogan eines Elektronikhändlers die neue Cleverness auf den Punkt: „Ich bin doch nicht blöd!“ Alte ALDI-Witze werden aussortiert: Keiner kann mehr über die Blondine lachen, die an der Kasse das klingelnde Handy ans Ohr hebt und ganz erstaunt fragt: „Hallo Mama! Woher weißt du denn, dass ich beim Aldi bin?“

Mancher Kalauer wirkt heute extrem gestrig. „Du sieht ja völlig fertig aus, hast Du Ärger?“ fragt der Freund. – „Ja, ich habe gestern zufällig meinen Erbonkel getroffen.“ – „Hattet ihr etwa Streit?“ – „Nein, aber er kauft bei ALDI!“ Das wäre inzwischen wohl eher ein Grund zu Freude, der Onkel ist offenbar ein kluger Mann. Heute steuern Haushalte mit niedrigem Einkommen nur noch etwa ein Siebtel, Haushalte mit hohem Einkommen dagegen fast ein Drittel zum ALDI-Umsatz bei. Als eine ALDI-Filiale im teuren Schwabing schließt, protestiert eine Bürgerinitiative der Betuchten empört gegen den Verlust an Lebensqualität.

Fasziniert forschen Psychologen, Soziologen und sogar Anthropologen nach den Geheimnissen des Phänomens. ALDI orientiert sich nie an den Preisvorstellungen der Kundschaft – der Discounter setzt stattdessen ganz einfach seine Preise so niedrig wie möglich an. Die Kunden wissen das. Und: Aldianer beziehen ihr Selbstwertgefühl nicht aus Markennamen. Sie trinken keine Etiketten und rauchen keine Banderolen. Sie sind sogar stolz auf ihren keineswegs billigen, sondern nur sehr preiswerten Roten.

Der Wirtschaftsjournalist Günther Ogger wirft dem Discounter in „König Kunde – Angeschmiert und abserviert" vor, die Käufer würden mit der Wahl des billigsten Anbieters eine negative Auslese im Einzelhandel fördern. Tatsächlich aber belebt Konkurrenz das Geschäft, denn jeder ALDI-Laden strahlt auf die Umgebung ab. „Aldi hat fast so was Puritanisches", sagt eine Leserin der „Lebensmittelzeitung" und findet das schmucklose Spar-Sparta an der Ecke „irgendwie ehrlicher als diese großartig aufgemachten Supermärkte".

ALDI-Fans sind treu, informiert und kurzentschlossen. Sie finden ihren Discounter glaubwürdig, weil Reden und Handeln, Werbeaussage und Wirklichkeit stets übereinstimmen. Deshalb können Kunden auf fortwährende Prüfung der Preiswürdigkeit verzichten. Sie haben meistens auch gar keine Zeit dazu, es muss schnell gehen. Der Guru der Shoppingforscher, der New Yorker Psychologe und Anthropologe Paco Underhill („The Science of Shopping"), stellt nach drei Jahrzehnten intensiver Beobachtung klar: „Erstens, die Leute gehen im Laden erst mal nach rechts. Zweitens: Sie lesen im Schaufenster nie mehr als drei oder vier Worte. Drittens: Sie laufen schnell durch Kurven. Viertens: Spiegel geben ihnen das Gefühl, beobachtet zu werden. Fünftes: Wo Stühle stehen, setzen sich Männer, und die Frauen kaufen länger ein." Es sind Verhaltensweisen, die seit der Urzeit in den Genen schlummern: Kauf ist Jagd, Ware Beute, und wer zu spät schießt, den bestraft der Hunger, denn zu langes Zögern lässt das Wild entweichen. Fremde sind grundsätzlich Konkurrenten, Blicke aus dem Verborgenen gefährlich, und zu langes Stehenbleiben birgt stets ein erhöhtes Risiko, von einem Raubtier angefallen zu werden.

ALDI kennt, schätzt und nutzt die Lehren der Evolution. In den Kaufgassen stört kein Firlefanz die Konzentration, der Weg zum Kassenziel ist kurz und klar. Auch die Kulanz ist Kalkül, anders als in der freien Wildbahn bleibt der Fehlschuss folgenlos, ein großer Vorteil nicht nur für den Schützen: Diskussionsloser Umtausch ohne Papierkrieg bewahrt vor verkaufsstörendem Zeit- und Verwaltungsaufwand. Im Fall der Reis-Fleisch-Konserve findet ALDI eine so simple wie überzeugende Lösung: Der Bezirksleiter entschuldigt sich persönlich beim Kunden und überreicht ihm nicht etwa nur eine neue Reis-Fleisch-Konserve, sondern gleich einen ganzen Karton. Geste und Gabe willkommen, der Friede ist wiederhergestellt.

Der „ServiceAtlas Lebensmittel-Einzelhandel 2011" des Kölner Beratungsunternehmens ServiceValue zeigt ALDI durchweg den Spitzenwert „Sehr gut": Stärkste Kundenbindung, höchste Kundenzufriedenheit, bester Service. Auch im Preis-Leistungsverhältnis und in der Nachhaltigkeit – umweltbewusstes Handeln und Übernahme sozialer Verantwortung – liegt der Discounter vorn. Nur beim Design muss ALDI sich mit einem „Gut" begnügen, ihm geht es ja auch mehr um die inneren Werte. „Aldi ist bis heute der Preiskönig", lobt „NettoGetto" auf „Discountfan", der Website aller Billigkäufer. „Seit einigen Monaten gibt es bei uns in der Umgebung (Hamburg-Nord) in den Aldimärkten keine Chicken Nuggets mehr", beschwert sich „Waffeleisen", „verdammt, ich will nicht immer noch extra zum Lidl rein!" Und „Freundchen" meldet: „In der aktuellen Stiftung Warentest wurden Orangensäfte getestet. Testsieger: Aldi Süd/Aldi Nord mit ihrem rio d'oro. Aldi schlägt sie alle!"

Im „Discountfan" erklimmt die Diskussion um ALDI-Produkte locker Gourmet-Niveau. Frage von „Tiger": „Seit kurzem werden hier 12 neuseeländische Austern (Class III) incl. Austernmesser für 4,99 € angeboten. Hat die schon jemand probiert, wie ist der

Preis einzuordnen?" Antwort von „Questionmark": „Wenn ich mir mal exklusivere Meeresfrüchte gönne, dann habe ich bisher noch nie Superschnäppchen und gute Qualität gehabt, sei es bei Muscheln, Langusten o. ä." Da faucht der „Tiger": „Hallo? Du hast auch noch nicht die seit Jahren erhältlichen Miesmuscheln von Aldi oder den in Salzwasser eingefrorenen Hummer (350 g) probiert? Oder zu schlecht gefunden ? Ich bin mit der Qualität der Miesmuscheln (Schale 2 kg zu 3,99 oder 3,79) bisher sehr zufrieden. Und der Hummer hat auch geschmeckt!"

ALDI 9

Konsum und Kultur

„Günter Fruhtrunk war ein abstrakter Maler und Grafiker", lehrt das Online-Lexikon „Wikipedia". „1951 machte er eine Studienreise nach Paris und war im darauffolgenden Jahr Mitarbeiter im Atelier von Fernand Léger. 1955 arbeitete er im Atelier von Hans Arp mit. Von 1967 bis zu seinem Tode war er Professor an der Akademie der Bildenden Künste in München. Einer konstruktivistischen Schaffensphase folgten seine viel Beachtung gefundenen farbintensiven Bilder aus parallelen, orthogonalen oder diagonalen farbigen in Streifen gehaltenen Vektoren. Sein bekanntestes, bis heute millionenfach verbreitetes Werk ist das 1970 gestaltete Plastiktüten-Design für Aldi-Nord."

Haben wir richtig gelesen? Mehr noch als die Grammatik des Artikels verblüfft die Aussage. Der blau-weiße Einkaufsbeutel des bekannten Billigheimers ein Kunstwerk, geschaffen in der Tradition und Schule berühmter Malerfürsten? Entworfen von einem leibhaftigen Kunstprofessor? Der ästhetisch unverdächtige Notbehelf für den Transport grundgewöhnlicher Alltagsware in Wirklichkeit ein Meisterstück, ein Meilenstein der Kunstgeschichte? Der nach Gebrauch lieblos entsorgte Wegwerfartikel womöglich ein Op-Art-Opus von Sammlerwert?

Dass die triviale Tragetasche bis heute unverändert dem Geschmacks- und Modewandel trotzt, ist für den Kunsthistoriker Reinhard Spieler indes erst einmal „ein eindrucksvolles Beispiel für die Kostenrationalität der Discounter". Und dass Fruhtrunks Urheberschaft bis heute kaum bekannt geworden ist, entspricht, so der Direktor des Ludwigshafener Wilhelm-Hack-Museums, ebenfalls den Gepflogenheiten der Branche: „Markenqualitätsprodukte werden meist unter einem unbekannten Phantasienamen vertrieben, um der Preisbindung der Markenware zu entkommen."

Ja so. Wir kennen das bereits. Aber auch der Künstler selbst macht kein Tamtam um seine Tüte – im Gegenteil: „Ich habe gesündigt“, gesteht er seinen kritischen Studenten, zahlt zur Strafe 400 D-Mark in die Klassenkasse und lässt sich nie wieder auf kommerzartistische Experimente ein. Denn es ist gerade die Zeit der großen Gärung an Deutschlands Universitäten. Die Studentenrevolte schreibt sich Antifaschismus, Sozialismus und Kapitalismuskritik auf die roten Fahnen. Fruhtrunk hat seit 1941 als Kriegsfreiwilliger in Finnland gekämpft und ist – wie Karl Albrecht – mit schweren Verwundungen von der Ostfront zurückgekommen. Daran zu erinnern ist jetzt nicht die Stunde. Besser, man verhält sich möglichst unauffällig. Der Künstler hat sich auch schon mit der Existenzphilosophie Jean-Paul Sartres befasst, der 1974 die RAF-Häftlinge in Stammheim aufsuchen wird. Die ALDI-Tüte geht auf das Fruhtrunk-Werk „Klostergarten Expl. III“ aus den Jahren 1962/63, Vinyl auf Pressholz, zurück. Die Schmerzen aus den Kriegsverletzungen dämpft der Maler mit starken Medikamenten. 1982 nimmt er sich in seinem Atelier das Leben.

Die blau-weiße Tüte des toten Meisters eignet sich, so Spieler, besonders gut für den Kollisionsfall von Trash und Kunst. Denn sie ist „einerseits zweidimensional, fast perfekter Bildträger und damit durchaus für bildnerische Gestaltung geeignet, andererseits funktionales Massenprodukt mit extrem geringer Halbwertszeit.“ Der Experte weiß, wovon er spricht: Seine Einführung in die Ausstellung „I love ALDI – Das Prinzip Discount“ vom Dezember 2011 in Ludwigshafen stellt die Unternehmungen der Brüder Karl und Theodor Albrecht als Faktor nicht nur der Wirtschafts-, sondern erstmals auch der Kunst- und Kulturgeschichte vor.

Die Tüte flattert dem Thema voran: Der Düsseldorfer Sebastian Freytag verfremdet das Frühtrunk-Motiv für die Ausstellung als wandhohen Siebdruck. Der Berliner Torben Giehler macht aus dem Plastikbeutel mit Acryl und Marker ein neues Kunstwerk mit dem Titel „Fruhtrunk II“. Joachim Grommek, ebenfalls aus Berlin, ergänzt das blau-weiße Ur-Bild mit Lack, Acryl und Öl durch gelbe und rote Töne zu einer Art trompe l’œuil.

„I love ALDI" ist die erste Ausstellung über den bekanntesten deutschen Discounter, doch die Kunst interessiert sich schon sehr viel länger für die Wechselbeziehungen zwischen dem Volk und seiner intellektuellen Elite. „Der schnelle Marsch in eine Lebensform, die im 20. Jahrhundert mit Begriffen wie Überfluss-, Konsum-, Freizeit- und Erlebnisgesellschaft umschrieben wird", erläutert die Berliner Ethnologin Judith Elisabeth Weiss im Katalog der effektvollen Exposition, „lässt sich am eindringlichsten an der Praxis des Einkaufens ablesen." Die Künstler der Welt lesen mit: Schon seit den 50er Jahren eignet sich die Pop-Art wie keine andere Kunstrichtung die Warenwelt des Supermarktes an, „stets mit dem Ziel, die Trennung von Kunst- und Konsumgütern aufzuheben".

1963 wickelt der bulgarische Verpackungsartist Christo einen Einkaufswagen zum Kunstwerk „Poussette" („Packed Supermarket Cart") ein. 1964 baut der US-Designprofessor Ben Birillo in die New Yorker Bianchini Gallery seinen „American Supermarket" mit Eiern aus Chromstahl, Pumpernickel aus Gips, Tomaten aus Wachs und Äpfeln in den Farben der US-Flagge. Erste Versuche, die Plastiktüte als künstlerisches Medium zu nutzen, registriert Spieler ebenfalls in den 60er Jahren: Avantgardisten wie Andy Warhol und Roy Lichtenstein adeln sie mit ihren Signaturen zu Kunstobjekten, die heute vierstellige Beträge erzielen.

Auch der Düsseldorfer Kunstprofessor Joseph Beuys nutzt das bedruckte Polyethylenprodukt nicht nur zum Transport von Lebensmitteln, sondern zur politischen Meinungsbildung: Auf Straßenaktionen seiner 1971 gegründeten „Organisation für Direkte Demokratie durch Volkabstimmung" verteilt er Plastiktüten mit der Aufschrift „So kann die Parteiendiktatur überwunden werden!" und erläutert Passanten seine Idee eines von unten nach oben organisierten Staatsapparats. 1979 lädt die Kaufhof AG zu einem „Wettbewerb der tausend Tüten" ein. 500 Studenten von 31 Akademien und Hochschulen liefern 759 Arbeiten ab, Kölns Joseph-Haubrich-Kunsthalle stellt die Werke aus.

1982 konzipiert Elke Koska, die sich selbst als Muse des Aktionskünstlers HA Schult bezeichnet, eine Tütenschau für den Düsseldorfer Kunstverein. 1992 füllt der englische Visualkünstler Michael Landy Einkaufswagen für seine Schlussverkaufsinstallation „Closing Down Sale" nicht mit Waren, sondern nur mit Schildern: „BUY NOW!", „CRAZY PRICES!", „TOP BARGAIN!" oder „EVERYTHING MUST GO!!!" 2000 nennt die Schweizer Objektkünstlerin Sylvie Fleury einen vergoldeten Shopping-Trolley „Easy. Breezy. Beautiful".

Die „Aldisierung der Kunst" übernimmt der Discounter selbst: Im Dezember 2003 verkauft ALDI-Süd jeweils zwei Motive von sieben Künstlern handsigniert und nummeriert mit Passepartout und Rahmen in einer Auflage von je 10.000 Stück zum Preis von 12,99 Euro. Die Überraschung ist perfekt, der Prestigegewinn beträchtlich. Blogs und Feuilletons fragen kritisch nach dem Wert von Kunst zwischen Weihnachtsgebäck und Suppendosen, nach der Reputation von „Billigkünstlern" und, unvermeidlich, auch nach der „Instrumentalisierung von Kunst als Werbestrategie zur Kundengewinnung und Image-Politur von Discountern". Die notorische TV-Lästerzunge Harald Schmidt spottet, künftig könne man die Vernissage gleich an der ALDI-Kasse feiern. Und wenn nun auch schon Künstler beim Discounter ein und ausgingen, werde es dort bald auch „Koks und leichte Damen" geben.

Die ALDI-Artisten sind wirklich welche. Der Beuys-Schüler, documenta- und Biennale-Teilnehmer Felix Droese antwortet Kritikern: „Ich habe die Kunde, und Aldi hat die Kunden." Die Aktion erreiche ein Publikum, das vom bürgerlichen Bildungskanon ausgeschlossen werde. Das Konzept der „geistigen Grundversorgung" rekurriere auf das Bundessozialhilfegesetz, nach dessen § 12 zum notwendigen Lebensunterhalt auch die Teilnahme am kulturellen Leben gehöre. Ein Schelm, der Böses dabei denkt. Droeses Drucke „Silberfinger" und „Wind Wasser Wolken" sind in kürzester Zeit ausverkauft. Ein paar Stunden später stehen die Bilder bereits beim Internet-Auktionshaus ebay zur Versteigerung an.

Ein paar Monate später aber sind sie dort ebenfalls verschwunden. „Dies wirft unversehens die Frage auf, warum die Werke eines solch renommierten Künstlers nicht zu höheren Preisen weitergehandelt wurden“, wundert sich Expertin Weiss. „Die Erklärung, dass die Kunst lediglich als ersetzbarer Einleger fungiert hat und der Rahmen der eigentliche Kassenschlager war, ist naheliegend“ – und wird bald zur Gewissheit. Denn nicht ALDI hat den Verkauf von Kunst in seinen Filialen initiiert – es war der geschäftstüchtige Rahmenhändler auf der Suche nach neuen Absatzmöglichkeiten.

Konsum und Kultur: „Vermutlich wurde ein Großteil der Kunstwerke von den Käufern weggeworfen und durch andere Bilder ersetzt“, schreibt Weiss. „Damit wird die Kategorie Aldi-Kunst hinfällig.“ Mit dieser Einschätzung liegt die Expertin allerdings falsch. Bereits ein Jahr später zeigt das Museum Goch in der Ausstellung „Das Aldi-Multiple von Felix Droese – Ein Grundversorgungsspiel“ eine Dokumentation des Verkaufs und der medialen Inszenierung des Künstlers und macht damit „die einfachen Mechanismen von Medien und Markt und die Konstruktion von kulturellen Konzepten deutlich.“

Für Droese lohnt sich die Mühe, für jede verkaufte Grafik kassiert er einen Euro. Ein besonders einprägsames Bild für die Doppeldeutigkeit der Aktion Grundversorgung liefert der Beuys-Schüler zuletzt auch noch mit einem Foto, das ihn und andere Künstler mit signierten ALDI-Drucken auf einem Traktor vor einer ALDI-Filiale zeigt. Weiss äußert sich folgendermaßen: „Hier schließt sich der Kreis zum Cheap-Art-Manifest“, mit dem Künstler des politischen „Bread and Puppet Theater“ um Peter Schumann 1984 in Glover (US-Staat Vermont) die Praxis der Kunstsupermärkte, Billigkunstmessen und Kunstautomaten antizipierten: Kunst ist, so die Botschaft, nicht nur für die Tresore der Betuchten da, sie passt ebenso in die Plastiktüte des Prekariats.

Spieler hätte seine Ludwigshafener Ausstellung gern noch einen Tick interessanter gemacht. Sein Konzept sah ursprünglich vor, ALDI die Hälfte des Museums anzubieten, um dort eine Filiale einzurichten und das Discount-Prinzip unzensiert im Original zu zeigen. Die Macher der Ausstellung wollten das Prinzip Discount ins Betriebssystem Kunst implantieren. „Das hätte zum Beispiel so aussehen können, dass Aldi (durchaus mit unserer Hilfe und gegen Entgelt für die Leihgeber) hochkarätige Kunstwerke für eine kurze Periode – parallel zu anderen temporären Sortiment-Angeboten – im Museums-Shop zur Besichtigung anbietet", sagt Spieler. Das Motto: „Diese Woche im Angebot: Vincent van Gogh!" Das Ganze kombiniert mit „holländischen Wochen" und entsprechenden Lebensmittelangeboten.

Kunst und Käse? Zwei Minuten van Gogh für 1,99? „Der Name Aldi steht", so Spieler, „in unserer Ausstellung stellvertretend für alle Discounter, ganz einfach deshalb, weil diese Marke am wenigsten mit (negativen) Werturteilen vorbelastet ist, die Konsumenten quer durch alle Schichten verteilt sind und schließlich auch in der gesellschaftlichen Diskussion des Prinzips ‚billig' (Stichwort Aldisierung) schon eingeführt ist." Das klingt verblüffend positiv aus dem Mund eines Museumsdirektors in einer Kulturepoche, die gern mit knalliger Systemkritik provoziert. ALDI schlägt das Angebot trotzdem aus, für den Ideengeber durchaus nachvollziehbar, „zumal alle Discounter, einmal abgesehen von der reinen Werbung, bei jeder Art von Öffentlichkeit außerordentlich zurückhaltend sind."

Umso mehr Interesse zeigen die Künstler. Für seine Werkgruppe „Die Malfabrik: Werbeblock" sprayt der Mannheimer Konstantin Voit die Logos der Discounter auf 49 Leinwände. Die Symbole entstammen, so Spieler, weitgehend der Bildsprache der konkret-konstruktivistischen Kunst der 1970er Jahre: schnörkellos einfache, abstrakte Bildmarken in den Grundfarben, die sich unmittelbar einprägen. Fruhtrunks blauweiße Tragetüte bleibt das beste Beispiel. Die Exponate der ALDI-Ausstellung fallen dahinter zurück. Angelika Schröder aus Weinheim und Ina Weber aus Berlin etwa gehen mit der Bauweise der Konsumbunker ins Gericht, ihre Skulpturen aus Beton und Stoff thematisieren die „architektonische Ödnis" der „scheunenartigen Billigkonstruktionen". Im Kapitel „Konsum" stellt sich der Stuttgarter Kunstprofessor Christian Jankowski mit

Pfeil und Bogen als Schnäppchenjäger ans Kühlregal. Der Schweizer Aktionskünstler Heinrich Gartentor mixt vor hochalpiner Heidi-Kulisse harmlose ALDI-Produkte zu einem explosiven Ensemble aus spritzenden Cola-Flaschen, platzenden Mohrenköpfen und Kugelschreibern, die sich in Raketen verwandeln. Im Kapitel „Gesellschaft" montiert der Berliner Iskender Yediler ALDI- und Lidl-Tüten zu einem kreuzförmigen „Fragefeld nach dem Verhältnis von Konsum und Religion".

„Dass Aldi billig ist und trotzdem gut, ist offensichtlich", schreiben die Stuttgarter Medien- und Kommunikationsdesignerinnen Mona Mahall und Asli Serbest in „Bunte Nekropolis – Ökonomie und Ästhetik der Aldi-Architektur", und „dass Aldi billig ist und auch billig aussieht, ist so offensichtlich, dass es viele schon wieder gut finden." Resümee der beiden Expertinnen: „Die billige Ästhetik des Billigen – das zeigt die Ausstellung – wird sogar zu teurer Kunst, um dann die wertvolle Ästhetik des Billigen widerzuspiegeln. Seit Andy Warhols Billigsuppen funktioniert dieser Transfer in der Kunst mit großem Gewinn."

Sieht die Zeitkritik Discounterläden wirklich als Fixpunkte einer „Nekropolis" und die ALDI-Filiale gar als Tor zu einer technisierten Totenstadt? Der US-Architekt Robert Venturi, weltberühmter Theoretiker der Postmoderne, urteilt anders. Für ihn sind es nachgerade die trivialen und mitunter hässlichen Formen des Bauens, die den Großteil unserer modernen Städte ausmachen. Und so wenig ansehnlich sie auch sind – ihre reale Funktionalität stellen sie tagtäglich unter Beweis. Für Venturi ist das vitale Durcheinander ein „Medium sozialer Kommunikation, die integriert und nicht ausschließt, die alle meint" und nicht bloß eine intellektuelle Elite" wie die klassisch moderne Avantgardearchitektur.

Wer wohnt denn auch, wer lebt in den Vorstädten, wer läuft und fährt durch öde Straßen? Es sind die Leute, die bei ALDI kaufen, und die wollen ihren Discounter so, wie er ist: „Während andere Unternehmen ihren architektonischen Auftritten viel Aufmerksamkeit schenken, um zumindest monumental zu erscheinen, hat die Aldi-Architektur die Tendenz, ganz zu verschwinden", stellen Mahall und Serbesi fest. „Würde man damit nicht zu viel Aufwand suggerieren, könnte man von einer Architektur der Tarnung sprechen, die unbemerkt bleiben will im vorstädtischen Durcheinander." Ausnahme: Das Leuchtschild. Wie der Schirm des Reiseführers gibt es der nervösen Reisegruppe Orientierung, weist schon von weitem den Weg zum Parkplatz und zur Ware.

Der Architekt Ludwig Hilbersheimer (1885–1967) hat als Lehrer am Bauhaus und am Illinois Institute of Technology (IIT) in Chicago Modelle für eine visionäre Stadtplanung vorgelegt und Konzepte zu einer Großstadtarchitektur entwickelt, die, so Mahall/Serbesi, „gerade aufgrund ihrer Radikalität keine Umsetzung fanden – außer in Aldis globalen Innenräumen." Der Discounter aus der Vorstadt als Schrittmacher auf dem Weg in die Zukunft der City? Hilbersheimer ging es um die Planung für die Verstädterung im industrialisierten Kapitalismus, für ihn war die Stadt ein multinationaler, ökonomischer Organismus. Für die beiden Designerinnen sind seine „mathematische Klarheit, geometrische Strenge, zweckmäßige Organisation und äußerste Ökonomie" heute nichts anderes als eine „Beschreibung des Aldi-Raums".

Zwar kritisieren Mahall/Serbesi das neue „Einkaufsmodell für die Masse" als „nicht ästhetisch", doch sei es „zumindest aldibunt". Hinter den typischen Umsatzscheunen des Discounters steckt denn auch keine seherische Kunsttheorie, sondern alltagserprobte Praxis. „Theo Albrecht wollte jede Einrichtungszeichnung sehen, bevor die zentrale Schreinerei an die Fertigung der Regale ging", berichtet Ex-ALDI-Manager Fedtke in seinen „ALDI-Geschichten". Die „ALDI-Gotik" entsteht unter maßgeblicher Mitwirkung des Hobby-Architekten im Chefbüro, standardisiert und unkompliziert. Etwa 1200 Quadratmeter Verkaufsraum, Filialbüro, Lager- und Sozialräume, das macht keine großen Einrichtungsprobleme, doch Theo Albrechts Besessenheit für Details bleibt immer wach, vor allem beim prüfenden Blick auf die Einrichtungszeichnungen, die ihm die Verkaufsleiter vorlegen müssen.

Die Regeln sind kurz und klar: Der Verlauf der umliegenden Straßen ist skizzenhaft anzudeuten, die Anlieferung muss deutlich gekennzeichnet sein und die Drehkreuzanlage ist „in allen Einzelheiten (Führungen) maßstabsgerecht zu zeichnen". Der Chef hält sein Lineal stets griffbereit. Unterwegs behilft er sich mit dem Mini-Zentimetermaß aus seinem aufgeklappten Notizbuch. Oft findet er eine bessere Lösung als der Filialleiter: „Legen Sie mal die Zeichnung so hin, dass Sie ..." heißt es dann am Telefon. Kritiker bemängeln humorlose Nüchternheit bis zur Eintönigkeit, Fachleute aber sehen die Filialen des Discounters positiv: „Mit der Architektur von Stadtteile und Dörfer verschandelnden Baumarkt-Ästhetik ... hat ALDI wenig gemein", stellt der Bielefelder Kunstwissenschaftler Prof. Martin Roman Deppner fest. ALDIs Purismus verkörpere eher das Gegenteil, nämlich Netto-Ästhetik. Außerdem sei ALDI als Stadtteil-Kultur anzusetzen, mit Läden, die auch von Rentnerinnen und Rentnern erreicht werden können.

ALDI habe bewirkt, dass der Gang des Einkaufens nicht allein zu einem Akt bloßen Konsumierens geworden sei, schreibt der Experte zu der Ausstellung „Kulturlandschaft ALDI zwischen Wertedesign und Warenästhetik" der Fachhochschule Bielefeld. Wer zu ALDI geht, hat nachgedacht, aus Sorge oder aus Planung mit dem stillen Gefühl dafür, mit dem Ersparten eventuell ein wenig Freiraum gewonnen zu haben.

Mehr noch: „Für einige", so der Professor, „gilt ALDI gar als Volksbeglücker à la Robin Hood, von einem Befreiungsethos der neuen sozialistischen Einkaufsgemeinschaft ist die Rede und von einer ‚Heimat des aufgeklärten Verbrauchers'." Die Studenten der „gruppe 116" am Fachbereich Gestaltung der Fachhochschule bringen den architektonischen Auftritt des Discounters auf die Formel „Außen Flop – innen top". Sie wollen zwar auch Anregungen liefern, „die gestaltungsskeptische Haltung der Firma ALDI zu überwinden", aber sie bestätigen zugleich die am Wert der Produkte orientierte Firmenstrategie. Fachhochschüler Andreas Clauß: „Gute Ware hat die Pflicht, erkannt zu werden!"

Die Designer haben bemerkt, so Prof. Deppner, „dass die Bohlen/Feldbusch-Schiene von Geiz und Geilheit in der Werbung der Versuch ist, störenden Unrat in die Köpfe zu beamen." Den

Verdacht hegen manche schon länger. Der Begründer einer Kritik der Warenästhetik, der Philosoph Wolfgang Fritz Haug, urteilt bereits vor Jahren, dass wir angesichts einer ungezügelten Täuschungslust in Werbung und Design im Bereich der Erziehung mit dem Rücken zur Wand stehen. An diesen besonders für junge Leute verführerischen Oberflächenprozessen mit negativer Tiefenwirkung, schreibt Deppner, habe ALDI sich bislang nicht beteiligt: „ALDI ist preiswert und am Wert interessiert." Der Discounter als moralisches Bollwerk gegen die Verführung der Jugend durch Werbelügen – das klingt fast wie ein Ritterschlag der Kunst. Im Witz wird dem Discounter sogar volkserzieherische Wirkung nachgesagt: „Warum stehen Studenten schon um 17 Uhr auf? Weil ALDI um 18.30 Uhr zu macht." Den finanziellen Aspekt wiederum spricht ein bereits klassischer Zweizeiler an: „Mein Monatslohn, der reicht nicht mehr! / Wo nehm ich aldi Kohle her?"

ALDI 10

Philosophie und Parodie

Die Gesellschaft ist gemischt, die Tafel geteilt, das Angebot höchst unterschiedlich: Auf der einen Seite laben sich Begüterte an Crevettencocktail und Champagner, gegenüber löffeln Bedürftige eine Brotsuppe. Das „Arm-Reich-Bankett“ ist eine Idee des Schweizer Bildhauers Daniel Spoerri. Der Begründer der „Eat-Art-Edition“ lädt seit 1970 zu kulinarischen Kunstaktionen in sein Düsseldorfer Restaurant. Besucher zahlen Eintritt; ein Würfel entscheidet, wer prasst und wer kargt.

Der Grundgedanke heißt „arme Leute spielen“, doch bald legt Spoerri Wert darauf, dass bei der spartanischen Speisung zumindest die Zutaten von bester Qualität sind: Die „Armen“ bekommen erstklassiges Graubrot, die „Reichen“ indes nur Standardbrot. Den „Reichen“ stellt der Künstler „irgendeine Flasche teuren Wein mit einem hochtrabenden Namen“ hin, für die „Armen“ sucht er einen vorzüglichen Landwein aus: „Er muss zwar billig sein, aber gut.“ So geht es immer weiter, bis, so Spoerri, „die Reichen merken: die Armen essen eigentlich viel besser als wir!“

Die nahrhafte Darbietung des Neorealisten entwickelt sich in die gleiche Richtung wie ALDI: Der Discounter beginnt als billige Einkaufsquelle für Minderbegüterte, lässt sich sogar, wie die Berliner Ethnologin Judith Elisabeth Weiss meint, als „soziale Bewegung“ begreifen, die sich „um Ausgleich qualitativ hochwertiger Produkte für Geringverdiener bemüht“, zieht aber durch die Güte des Sortiments bald auch immer mehr vermögende Kundschaft an.

Das abwertende Schlagwort von der „Aldisierung der Gesellschaft“ richte sich deshalb, so die Expertin, nicht an die Bedürftigen, sondern meine den „gnadenlosen Kunden“, der mit der Uhr von Armani und der Milch von ALDI Lust an der Extraganz habe und gleichzeitig Verzicht übe. Aldisierung bezeichne also eher „jenes Phänomen besser verdienender Konsumenten, die konsequent das preiswerteste Angebot suchen und daher in zunehmendem Maße in Discountgeschäften einkaufen gehen."

Zuweilen mit verblüffenden Resultaten. Der Karikaturist Robert Werner setzt den Dialog zweier Weintrinker in Szene: „Hmm – Südhang?" – „Aldi Süd!" Das Geistige beschränkt sich nicht auf die Getränke. 1981 taucht auf der Frankfurter Buchmesse eine Broschüre auf, in der Siegfried Unseld für den renommierten Suhrkampverlag eine Zusammenarbeit mit ALDI ankündigt: „Diese an sich unerwartete Kooperation zweier so verschiedener Unternehmer mag Fragen aufwerfen, kritische wie Verständnis heischende", heißt es darin, doch „mit Brecht zu sprechen", wolle das Buch „demokratisch im weitesten Sinne sein". Die geplante Reihe solle „edition sual" heißen, 25 Titel umfassen und in allen ALDI-Filialen auf literarisch interessierte Kundschaft warten. Ein Grußwort von „Dr. h.c. Albrecht" begrüßt „die Verbrüderung von Geist und Geschäft", und wer es bis dahin nicht gemerkt hat, stutzt spätestens bei Buchtiteln wie „Höchlichste Heimat" von Peter Handke, „Die Syntax der Bohrung. Psychoanalyse des Heimwerkers" von Tilmann Moser oder „Praktisch überall" von Kulturkritiker Fritz J. Raddatz: Diese „Leinenimitation für 4,80 Mark" enthält Protokolle der „vom Autor ausnahmslos verlorenen Golfpartien mit Walter Scheel, die Horst Tappert (Derrick) aus dem Gedächtnis aufgezeichnet hat".

Die Satire hat sich ein Mitarbeiter der linksalternativen „taz" ausgedacht, aber nicht etwa, um ALDI zu foppen, sondern um dem Suhrkamp-Verleger eins reinzuwürgen, mit dem die deutsche Kulturkritik damals zuweilen etwas unzufrieden ist. Die weiteren Werke klären den wahren Sachverhalt endgültig auf: Sie heißen im typischen feuilletonistischen Heißluftstil der 1980er Jahre „Im Reich der Dosen", „Aldi-Ödipus" oder „Temperaturen. Studien zur Physiognomie der Feinbackkunst". Auszug: „Im Feinbackwerk verdampft der Tauschwert zum Ornament dessen, worüber er zu herrschen sich einst anheischig gemacht hatte. Wer der Patisserie sich nicht stellt, weil er dem zerrütteten Begriff des Niveaus sich beugt, verfehlt das an der Kunst Wesentliche: ihre Verfallsgeschichte."

Philosophie und Parodie: Der Londoner Ethnologe Daniel Miller erkennt etwas ernsthafter im Sparen ein „rituelles Sühneopfer“, denn schlechtes Gewissen und Schuldgefühle, die beim Konsum und Genuss teurer Delikatessen fast zwangsläufig entstünden, könnten sich beim Billigeinkauf mildern. Alles, worauf man beim Sparen verzichte, sagt so ähnlich auch der Kunsthistoriker und Kulturwissenschaftler Wolfgang Ullrich, lasse sich als Opfer empfinden, das die Schuld des Konsumierens schmälert.

Die karge Ausstattung der Filialen passt perfekt zu solchen grüblerischen Gedanken. Ethnologin Weiss sieht die „rationale, pragmatische Logik ohne Zierde und Ausstaffierung“ als Ausdruck jener freudenfeindlichen protestantischen Ethik, die der Soziologe Max Weber schon 1904 als Mutter des Kapitalismus verdächtigt. Dass Luxusläden gern auf Preisschilder für ihre Edelmarken verzichten, ist für die Ethnologin wiederum „die katholische Variante des Konsums“; die Präsentation der teuren Artikel in Vitrinen erinnere an die Verehrung von Reliquien.

Bei den Brüdern Albrecht kann man zweifellos von einen katholischen Arbeitsethos sprechen. Dank ihres Erfolges verbindet ALDI heute Schichten, Klassen, Generationen, Lebenseinstellungen und Denkrichtungen auf ziemlich einzigartige Weise. Der Karikaturist Klaus Luttmann lässt Passanten vor der Ruine einer ALDI-Filiale sagen: „Seit die Banker keine Boni mehr bekommen, geht hier alles den Bach runter!“ Die Firmenphilosophie formuliert das Anliegen des Unternehmens schlichter, aber nicht weniger sinnreich als die Kunsttheorie: „Wir haben es uns zur Aufgabe gemacht, nur Produkte anzubieten, die den Verbrauchern einen größtmöglichen Nutzen bieten“, heißt es in einem Grundsatzpapier von ALDI-Süd. „Dabei fühlen wir uns verpflichtet, die Waren in bestmöglicher Qualität zu konstant niedrigen Preisen anzubieten. Und wenn wir eine Möglichkeit zur Preissenkung sehen, setzen wir sie um. Das alles erreichen wir durch die konsequente Konzentration auf das Wesentliche.“

ALDI braucht keine schillernden Waren-Inszenierungen oder spektakulären Werbekampagnen. Auch dazu passt Theo Albrechts vielzitiertes Bonmot: „Der Mensch lebt mehr von dem, was er nicht isst.“ Das Zitat aus der Frühzeit des Unternehmens eilt der Schlankheits- und Gesundheitsküche weit voraus: Der typische ALDI-Kunde will Versorgung statt Verlockung, sucht Notwendiges statt Aufwendiges und hat meist wirklich nur das im Korb, was auf seinem Einkaufszettel steht.

Ob Künstler oder Kaufmann: Wer am Markt Erfolg sucht, muss sich zur Marke machen. Spoerri provoziert das Publikum in den 1970er Jahren auch mit Brotteigobjekten: Das aufquellende Hefe-Mehl-Produkt umschlingt Schuhe, Flaschen, Schreibmaschinen und Telefonapparate. Die künstlerische Zweckentfremdung des Grundnahrungsmittels stößt besonders bei der Kriegs- und Nachkriegsgeneration als schwerer Tabubruch auf zornige Proteste. Der Künstler will das „gemütliche, gedankenlose Sattwerden“ anprangern. Die Kölnerin Alice Musiol kommentiert ihre Kunst noch etwas komplizierter, sie bastelt aus ALDI-Toastbrotscheiben Reihenhäuser, weil sie „das Verhältnis von Individualität und Massentauglichkeit interessiert“.

Wenn Kunstschaffende das Phänomen Discount thematisieren, ist Eulenspiegel nicht weit. Der Karikaturist Claus Werner Scharfe lässt einen ABC-Schützen mit nicht weniger als sieben Zuckertüten sagen: „War bei Aldi im Angebot!“ Mancher Spott wirkt subtiler, seit 2007 etwa wandern sechs Tonnen Zucker in Fässern von Kunstausstellung zu Kunstausstellung: Zu einem Haufen aufgeschüttet und von einem halb versunkenen Einkaufswagen gekrönt, will das Werk des Düsseldorfers Thomas Rentmeister ein „augenfälliges Bild für eine Gesellschaft sein, die im Überfluss zu ersticken droht“. Oder ist die süße Schüttung etwa ernst gemeint?

Karl und Theo Albrecht haben nach den Hungerjahren ab 1945 nie ihr Ziel aus den Augen verloren, armen Leuten, Kriegerwitwen oder Kriegsversehrten, kurz: den Verlierern des Wirtschaftswunders preiswerte Lebensmittel zu liefern. Sie überlassen die Zivilisationskritik den Intellektuellen und setzen stattdessen auf Klarheit, Sachlichkeit und stilprägende Gestaltung: „Uniformisierung bildet mit ihrem Effekt der Wiedererkennung die Grundlagen für eine Praxis der Verkaufsförderung starker Marken", sagt Expertin Weiss. „Nicht die Ware selbst, sondern die Marke des Discounters liefert den Inhalt, deren Charakteristiken eine Wirkung auf den Käufer zeitigen soll."

Mögen andere über die Gesichts- und Konturlosigkeit der modernen Vorstadt mit ihrer oft ermüdenden Gleichförmigkeit klagen, ALDI schafft selbst in dem modernen Wirrwarr eine Oase des Vertrauens. Die „spröde, harte Idee von Pragmatismus und Funktionalität" des Discounters motiviert etwa die Viernheimerin Angelika Schröder zu einer mehrteiligen Installation mit dem Titel „Alldies". Das Kunstwerk zeigt, so Weiss, den Discounter nach den standardisierten ALDI-Grundrissen als einen „Ort, der selbst in der Fremde Identität stifte."

ALDI als Heimat der Herzen in der Tristesse der Betonwüste? Das Firmenzeichen als Leuchtturm, der Einkaufswagen als Vehikel und die Plastiktüte als Reisepass auf der täglichen Tour durch den Archipel der Shoppinginseln? Das Münchner Künstlerduo Marc Weiss und Martin De Mattia dreht vor der ALDI-Zentrale Nord in Essen einen künstlerischen „Streikaufruf" und übergibt dem Folkwang-Museum anschließend Fotos sowie ein 2:20 Minuten langes Video. Sie wollen deutlich machen, dass „die Formierung der Strukturen heutiger Gesellschaft ein Resultat früherer Jahrzehnte ist." Das aber ist der Erfolg von ALDI ebenfalls: Die Grundlagen schaffen die Brüder Albrecht bereits 1960, sie sind bis heute unverändert, und Streiks hat es schon lange nicht mehr gegeben.

Die Künstler bleiben in ihrem Fiat 600 allein auf weiter Flur, die beiden Megafone beschallen den nüchternen Zweckbau der Firmenzentrale ohne erkennbare Reaktion des Personals. Versuche, bei ALDI Missstände anzuprangern, verlaufen gewöhnlich im Sande. Die ALDI-Philosophie bietet keine Angriffsflächen: „Unser Anspruch ist es, hochwertige Qualität bezahlbar zu machen und unseren Kunden dauerhaft ein berechenbarer und zuverlässiger Partner zu sein", steht dort wie in Stein gemeißelt. ALDI ist, politisch korrekt, „für Menschenrechte, Arbeitsnormen, Umweltschutz und

Korruptionsbekämpfung" und schließt mit dem Bekenntnis: „Menschen stehen im Mittelpunkt unseres unternehmerischen Handelns."

Ein Thesenpapier der Fachhochschule Wilhelmshaven stellt klar, dass die ALDI-Brüder nicht etwa als kapitalistische Ausbeuter, sondern als Volksbefreier angesehen werden – trotz ihres sagenhaften Reichtums: Selbst die härtesten Kapitalismus-Kritiker auf den Kampfbühnen von Kabarett & Co. finden kaum einen Ansatz zu Schmähung und Schelte. Mit dem Programm „Aldi Jahre wieder" will das „Chaos-Theater Oropax" nach eigenen Angaben lediglich „Weihnachten den Marsch blasen", der Discounter steuert (unfreiwillig) nur den hübschen Wortwitz im Titel bei. Die Theatergruppe „Generation ALDI" inszeniert an den Münchner Kammerspielen das Stück „Kanakstar" mit Programmpunkten wie „Ethikgames" oder „Sender Täusch World" sowie dem „Fernsehballett der Taliban Dance Company". In seinem vielgespielten Drama „Dreck" schildert Robert Schneider („Schlafes Bruder") den Alltag eines irakischen Rosenverkäufers; das „Theaterlabor Darmstadt" führt das Erfolgsstück in Eberstadt-Süd in einer Kulisse aus Sperrmüll, Altkleidercontainern und brennenden Mülltonnen vor einer ALDI-Filiale auf. Echter geht's nicht.

In Bayreuth sehen Wagnerianer in einer „Rienzi"-Inszenierung des Wieners Wolfgang Gratschmeier das Ensemble in Jacken mit den Logos von ALDI und anderen Discountern auf die Festspielbühne treten. Im „Ring des Nibelungen" trägt der böse Zwerg Alberich eine ALDI-Tüte. In der Revue „Sommer auf Balkonien" beschäftigt sich das „Theater Courage" mit der Frage, wie es sich wohl anfühlt, wenn man mit diesem Plastikteil als einzigem Bekleidungsstück am Strand von Mallorca steht. Der Satiriker Robert Griess witzelt in seinem Programm „Geht's noch?" über einen „Kampf der Kulturen: Familien gegen Singles, Arm gegen Reich, Aldi-Nord gegen Aldi-Süd". Das Kabarett-Spektakel „Vom Stasi zum Aldi" des „Altachtundfünfzigers" Peter Grohmann hat seit 1989 schon über 500 Aufführungen hinter sich gebracht. Und in Hamburg lässt Regisseur Volker Lösch ein paar Hartz-IV-Empfänger vor einem riesigen ALDI-Schriftzug das Monatseinkommen der zehn reichsten Hamburger verlesen.

Die Betroffenheit des Publikums hält sich in Grenzen, im Bewusstsein der Besucher ist der ALDI-Kunde schon lange kein Sozialfall mehr. Der Betriebswirtschaftler Wolfgang Fritz von der TU Braunschweig sieht ihn inzwischen sogar als „smart shopper", der mal teuer und mal billig einkauft: Er leistet sich eine teure Schiffsreise in die Karibik, holt seinen Rotwein aber aus dem ALDI-Regal, weil er dort viel billiger, aber mindestens genauso gut wie beim Spezialisten ist. Für viele Verbraucher habe ALDI inzwischen geradezu einen Kultstatus erlangt, meint der Professor. Auch in Zukunft würden Sonderaktionen und Preiskämpfe das Preisbewusstsein des Konsumenten schärfen – und aus Schnäppchenjägern womöglich „Sonderangebotskrieger" machen.

Für den Wilhelmshavener Marketingprofessor Stephan Kull ist ALDI „mit seinem positiven Image weitestgehend gesellschaftsfähig geworden und damit ein gesamtgesellschaftliches Phänomen". Der „Siegeszug" des Discounters von „Share of Market" über „Share of Mind" bis hin zu „Share of Soul" sei sicherlich beeindruckend, schreibt der Experte in „Aldi und die Aldisierung – Ein Trendwort verkennt die starke Marke": Erst steigt der Marktanteil, dann der Anteil am Bewusstsein oder an der spontanen Erinnerung der Käufer und zum Schluss auch der Einfluss der Marke auf die Seele, messbar durch die Emotionen des Publikums. In dieser letzten, heute wichtigsten Disziplin liegt ALDI nach Studien der Nürnberger Gesellschaft für Konsumforschung (GfK) konstant in der Spitzengruppe der deutschen Unternehmen, gleichauf mit notorischen Sympathieträgern wie Siemens, BMW, VW und Adidas.

Auch nach Prof. Fritz hat das Einkaufen bei ALDI für viele Verbraucher geradezu einen Kultstatus erlangt. Dazu trage die Buchreihe „Aldidente" mit Titeln wie „Fix und lecker" oder „Auf die Pasta, fertig, los!" ebenso wie die vielen ALDI-Fanclubs bei. Ihn wundert nicht, dass die Sympathiewerte der Lebensmitteldiscounter gerade in der Kernzielgruppen, bei den jungen Familien und Frauen, inzwischen mit 63 Prozent (ALDI) bzw. 45 Prozent (Lidl) weit höher liegen als die der Super- und Verbrauchermärkte.

Der unauffällige Lebensstil der Eigentümerfamilien spielt dabei eine wichtige Rolle. Presse und Rundfunk haben nichts zu melden. Das Wirtschaftsmagazin „Forbes" beklagt sich, Theo Albrecht lebe „zurückgezogener als der Yeti". Für den Historiker Joachim Fest ist die Herkunft aus kleinen Verhältnissen die Ursache der „asketischen Lebensführung", an der die Albrechts auch auf dem Gipfel ihrer Macht und ihres Reichtums festhalten. Nur selten dringt Persönliches aus dem verschwiegenen Clan. Ex-Manager Brandes schildert den Mehrfach-Milliardär als „väterlichen Vorgesetzten, freundlich, nie laut oder unbeherrscht." Besondere Eigenschaft: Liebe zum Detail. Der Chef plant sogar die Einrichtung der Hausmeisterwohnung in seiner Zentrale selbst, lässt seine Manager untersuchen, wie die Tische in der Telefonzentrale am schlauesten stehen und verlangt präzise, detaillierte Antworten auf die Frage, ob dünne Fotokopien wirtschaftlicher seien als dicke.

Mit der gleichen unvergleichlichen Genauigkeit planen die Brüder für die Zeit nach ihrem Tod. Weil Erbstreitigkeiten in den besten Familien vorkommen und schon manches Unternehmen ruinierten, binden sie ihre Vermögen in nicht auflösbaren Stiftungen. Karl Albrecht gründet 1973 in Eichenau im oberbayerischen Landkreis Fürstenfeldbruck eine Stiftung bürgerlichen Rechts und gibt ihr den Mädchennamen seiner Mutter Anna: Siepmann. Einziger Zweck der Stiftung ist, „die gemeinsamen Interessen der Angehörigen der Familie Albrecht zu wahren und zu fördern".

Die Siepmann-Stiftung hält das Vermögen an ALDI-Süd Deutschland mit 31 rechtlich selbständigen Regionalgesellschaften, der Einkaufsgesellschaft, den Grundstücken und Gebäuden für über 1.800 Filialen sowie an den neun Auslandsgesellschaften mit ca. 1.770 Filialen. Stiftungsorgane sind der Stiftungsvorstand, der Kontrollrat und der Familientag. Den Vorstand leitet seit 2006 Peter Max Heister, Sohn der Albrecht-Tochter Beate Heister. Mitglieder sind Beate Heister, die Leiterin des Meinungsforschungsinstituts Allensbach Renate Köcher und der BASF-Vorstandschef

Jürgen Hambrecht. Der Kontrollrat, der ALDI-Süd leitet, besteht aus Jürgen Kroll und Norbert Podschlapp.

Karl Albrecht jr. hat das väterliche Unternehmen schon vor Jahren wegen einer Krankheit verlassen. Er ist geschieden und kinderlos. Wie sein Schwager, der Jurist Peter Heister, sitzt er im Familienrat. Weitere Stiftungen Karl Albrechts sind die Oertel-Stiftung, vormals Maria-Albrecht-Stiftung, und die Elisen-Stiftung, beide in Eichenau. An sie fällt das Vermögen der Siepmann-Stiftung jeweils zur Hälfte, falls es keine Abkömmlinge des Stifters mehr gibt. Es sind philanthropische Einrichtungen: Die Oertel-Stiftung unterstützt die Herz-und-Kreislauf-Forschung, die Elisen-Stiftung fördert Kulturprojekte wie z. B. eine Barockausstellung des Stadtmuseums Fürstenfeldbruck.

Theo Albrecht gründet zwei Monate nach seinem Bruder eine entsprechende Familienstiftung in Nortorf im schleswig-holsteinischen Landkreis Rendsburg-Eckernförde. Sie ist nach dem Evangelisten Markus benannt wie die heimische Pfarrkirche in Essen-Baldeney und mit einem Anteil von 60 Prozent Mehrheitsgesellschafter der 36 Regionalgesellschaften von ALDI-Nord. Zweck der Markus-Stiftung ist es, „einmalige oder laufende Zuwendungen an die Destinatäre vorzunehmen sowie die von den Stiftern aufgebaute Unternehmensgruppe zu erhalten, zu fördern und auszubauen." Dem Vorstand gehören Theo Albrechts Witwe Cäcilie Albrecht, die Söhne Theo Albrecht jr. und Berthold Albrecht, der Generalbevollmächtigte Hartmuth Wiesemann und der Familienanwalt Emil Huber an.

Wiesemanns Mutter hat einst ihren Lebensmittelladen in Essen an die Brüder Albrecht unter der Bedingung verkauft, dass sie ihren Sohn als Lehrling annehmen. Die Karriere führt den Knaben bis in die Konzernspitze. Die Firma dankt: Wiesemann habe „das Aldi-System über Jahre wie kein anderer verkörpert", lobt ein internes Papier den pensionierten Topmanager. Das muss reichen. Es ist der ALDI-Stil in höchster Perfektion. Wie die Ware werden auch die Worte auf das Wesentliche reduziert, und immer geht es nur ums Geschäft. Als Theo Albrecht stirbt, zeichnet der Grafiker und Comic-Verleger Thomas Meitsch einen Cartoon mit dem Titel „Der König ist tot, es lebe der König“: Eine ALDI-Tüte hängt auf Halbmast, eine Kundin und ein Angestellter salutieren, und auf einem Schild steht: „Fahnenmast nur 1,99“.

ALDI Jahre wieder!

Literatur

Brandes, Dieter: Die 11 Geheimnisse des ALDI-Erfolgs. Frankfurt a.M. 2003

Brandes, Dieter: Konsequent einfach. Die ALDI-Erfolgsstory. München 1998

Fedtke, Eberhard: ALDI Geschichten. Ein Gesellschafter erinnert sich. Herne 2012

Fritz, Wolfgang: Die Aldisierung der Gesellschaft – Eine ökologische Perspektive. Braunschweig 2005

Gesellschaft für Konsumforschung: GfK-Verbraucherstudie. Nürnberg 2011

Golluch, Norbert: ALDI-Witze. Frankfurt a.M. 1998

Grube, Frank; Richter, Gerhard: Das Wirtschaftswunder. Unser Weg in den Wohlstand. Hamburg 1983

Hintermeier, Hannes: Die Aldi-Welt. Nachforschungen im Reich der Discount-Milliardäre. München 1998

Lichtenberg, Marius: Fünf Jahre „Wahnsinn" Aldi. Frankfurt a.M. 2010

Mehler, Klaus: Vom Kolonialwarenladen zum Future Store. Karlsruhe 2010

Mihr, Rainer; Oess, Markus: ALDI. Verkaufsmaschine Aldi – der Triumph des Schlichten. Hamburg 2006

Ogger, Günter: König Kunde. Angeschmiert und abserviert. München 1996

Paprotta, Astrid; Schneider, Regina: Aldidente – 30 Tage preiswert schlemmen. Frankfurt a.M. 1996

Parth, Steffen: Fallstudie ALDI – Philosophie und Unternehmenskultur, strategische Analyse und Entwicklung. München 2006

Rudolph, Thomas; Schweizer, Markus: Das Discount-Phänomen. Zürich 2006

Schneider, Martina: Aldi – Welche Marke steckt dahinter? München 2005

Spieler, Reinhard: I Love ALDI. Das Prinzip Discount. Ludwigshafen 2011

Steinhoff, Jürgen: Aldi: Hinter den Kulissen des Discounters. Stern 49/2002, S. 38–54